Inhalt

| | |
|---|---|
| Vorwort | 7 |

## Grundlagen — 8

| | |
|---|---|
| Geräte | 9 |
| Därme | 10 |
| Wurst selber machen | 12 |
| Resteverwertung | 15 |

## Wurstsorten — 16

## Leckeres aus der Wurstküche — 40

## Saucen, Dips & Beilagen — 106

## Der perfekte Drink zur Wurst — 128

| | |
|---|---|
| Literaturtipps, Bezugsquellen | 141 |
| Rezeptverzeichnis | 142 |

# VORWORT

»Richtig gute Wurst ... bei der man weiß, was drin ist ...« Mit diesen Worten hat mir ein Freund beschrieben, was er sich für sein neues Lokal vorstellt. In der Tat musste ich feststellen, dass das gar nicht so selbstverständlich ist. Im Land der Würstchen – und die Deutschen sind nun mal Weltmeister in Vielfalt und Konsum – ist man es gewohnt, dass die Würste stets gleich dick und lang sind, lange halten, schön saftig bleiben und immer eine goldbraune Farbe über der Holzkohle bekommen. Also verwenden die Metzger heute Kunstdärme, Stabilisatoren, Feuchthaltemittel, Bindemittel, Glukose, Konservierungsstoffe und Geschmacksverstärker, um diese Ansprüche zu erfüllen. Für unser Ziel, Würste ohne diese Zutaten herzustellen, haben wir gerne in Kauf genommen, dass die Würste mal dicker, mal dünner sind, nicht immer die gleiche Farbe haben, beim Grillen etwas schrumpelig werden und mehrmals wöchentlich frisch gemacht werden müssen.

> *Wer eine Wurst möchte, die immer gleich aussieht und schmeckt, kann dieses Buch getrost zurücklegen und Fischstäbchen kaufen.*

So herausgefordert, habe ich angefangen, mit eigenen Rezepten zu experimentieren. Ein scharfes Messer, ein Fleischwolf und eventuell noch ein Wurstfüller sind in den meisten Fällen schon ausreichend, damit es losgehen kann. Ich habe schnell festgestellt, dass es eigentlich ganz einfach ist, selbst zu wursten, und auch noch einen riesen Spaß macht. Außerdem liegt verblüffend schnell ein leckeres Ergebnis auf dem Teller. Ich wünsche Ihnen viel Freude und gutes Gelingen beim Ausprobieren der Rezepte!

Herzlich

*selbst probieren*

# GRUNDLAGEN

Wurst machen ist keine Resteverwertung. Nur wenn frische, hochwertige Ware verwendet wird, kommt auch eine gute Wurst dabei heraus. Und mit jedem guten Ergebnis wächst die Freude auf ein noch besseres.

Die Wurstrezepte in diesem Buch sind vielmals erprobt und verfeinert. Am Anfang empfiehlt es sich, die Rezeptmengen möglichst genau einzuhalten. Sobald man etwas Gefühl für die Abläufe hat, kann und sollte man unbedingt ein wenig mutiger werden und eigene Kreationen ausprobieren. Der Zutatenvielfalt sind dabei fast keine Grenzen gesetzt. Neben »Normalem« wie Schwein, Rind oder Huhn können auch Gämse, Reh, Fasan oder Strauß zu leckeren Würsten verarbeitet werden. Geben Sie auch einfach andere Kräuter zu oder probieren Sie es einmal mit exotischen Gewürzen im Brät. Ein paar Walnüsse oder getrocknete Früchte, etwas Speck für eine rauchige Note – sogar Trüffel oder Blattgold sind möglich.

# GERÄTE

Wer sich die kostspieligste Anschaffung beim Selberwursten, den Fleischwolf, erst einmal sparen möchte, kann sich meist bei Metzgern behelfen. Fleisch und Fett in der richtigen Körnung können hier vorbestellt werden. Im Gespräch mit dem Fachmann erhält man dann meist noch interessante Tipps über Fleischarten und -teile. Ansonsten ist ein Fleischwolf, egal ob per Hand oder elektrisch betrieben oder als Aufsatz für die Küchenmaschine, unerlässlich. Achten Sie darauf, dass er mindestens folgende Lochscheiben hat: 3 mm (fein), 5 mm (mittel) und 8 mm (grob). Zu vielen Modellen gibt es oft auch einen Vorsatz mit Füllrohr. Ein extra Wurstfüller muss also nicht unbedingt sein. Wer größere Mengen Brät machen möchte, um Wurst auf Vorrat herzustellen, sollte jedoch über die Anschaffung nachdenken. Es spart viel Zeit, wenn man nicht ständig Brät nachfüllen muss. Meist werden die Würstchen auch gleichmäßiger, wenn man sich aufs Abfüllen in einem Rutsch konzentrieren kann.

Ein schweres Kochmesser und ein kleines Ausbeinmesser sind perfekt, um das Fleisch für die Verarbeitung vorzubereiten. Mit dem Ausbeiner lassen sich gut kleine Sehnen und Knorpel entfernen, die in der Wurst nichts verloren haben. Mit dem Kochmesser kann man die großen Fleischstücke prima vorschneiden. Es lohnt sich auf jeden Fall, seine Messer vor dem Wursttag zu schleifen. Nur noch eine Briefwaage, ein paar Bleche und Schüsseln und dann kann es auch schon losgehen.

**BILD LINKS:** Ein Fleischwolfaufsatz auf einer Küchenmaschine. **BILD RECHTS:** Am besten legt man alle Utensilien schon vorher bereit; hier Blech, scharfes Fleischmesser und Fleischgabel.

**BILD LINKS:** Der Darm wird auf das Füllrohr gefädelt.
**BILD RECHTS:** Naturdarm muss vor der Verwendung ausreichend gewässert werden.

## DÄRME

Hübsch sind sie nicht, aber damit aus dem Brät eine Wurst wird, muss es meist in Därme gefüllt werden. Ich selbst benutze am liebsten Naturdärme. Je nach gewünschtem Durchmesser kommen meist Schafsdärme mit 16 bis 26 mm oder Schweinedärme mit 32 bis 45 mm zum Einsatz. Der Naturdarm ist verzehrbar und zum Braten und Brühen geeignet. Ob vom Schaf oder vom Schwein, spielt geschmacklich oder anderweitig keine Rolle. Die verschiedenen Därme bieten für jede Wurstsorte eine charakteristische appetitliche Optik und als reines Naturprodukt entspricht der Darm dem Wunsch nach unverfälschter und natürlicher Ernährung.

### Eiweißdärme

Was sehr komfortabel in der Anwendung ist, sind Eiweißdärme. Diese sind meist aus tierischem Kollagen, es gibt sie aber auch auf pflanzlicher Basis für vegane oder vegetarische Würste. Diese Därme sind auch zum Braten und Brühen geeignet und können verzehrt werden. Man braucht sie nicht zu wässern. Luftdicht gelagert, sind sie jederzeit einsatzbereit.

### Naturdärme vor Gebrauch vorbehandeln

Naturdärme werden zur Konservierung in Salzwasser gelagert, dabei ist auf eine kühle Lagerstätte zu achten. Manche Hersteller verkaufen bereits vorgewässerte Därme in Salzlake. In dieser Lake können sie auch im Kühlschrank aufbewahrt werden.

Ab und zu bekommt man ihn getrocknet, dann muss der Darm erst noch nach Herstellerangabe gewässert werden. Getrocknete Därme, die zu viel gewässert wurden, können nicht wieder getrocknet werden, halten jedoch in einer kräftigen Salzlake im Kühlschrank aufbewahrt mehrere Tage.

Egal, ob der Darm, der verwendet wird, getrocknet oder in Salzlake eingeweicht ist – ein Naturdarm muss immer ausreichend (etwa eine halbe Stunde bzw. nach Herstellerempfehlung) in warmem Wasser gewässert werden, bevor er auf das Wurstfüllrohr gefädelt wird, um geschmeidig zu werden. Sonst lässt er sich später nicht gut davon lösen und reißt leicht.

## WURST SELBER MACHEN

Das Fleisch muss vor dem Wolfen gründlich entsehnt und von Fett und Knorpeln befreit werden. Danach wird es in Stücke geschnitten, die sich in den Fleischwolf füllen lassen. Das geht mit einem scharfen Messer leicht und sicher von der Hand. Mit einem stumpfen Messer muss man viel mehr Kraft aufwenden und rutscht leichter ab. Es klingt seltsam, aber man schneidet sich eher mit einem stumpfen Messer.

**1 DAS FLEISCH WOLFEN:** Je nach Sorte muss das Fleisch fein oder grob gewolft werden. Um sehr feines Brät zu bekommen, lässt man es am besten erst durch die mittlere und dann durch die feine Lochscheibe. Fleisch und Speck sollten immer gleichzeitig durchgelassen werden, damit sich alles gleichmäßig verteilt. Auf diese Weise spart man sich das kräftezehrende Durchkneten der Masse.

**2 DIE MASSE VERMENGEN:** Wenn das Brät fertig ist und alle Gewürze eingearbeitet sind, sollte die Luft aus der Masse gedrückt werden, damit es später weniger Luftblasen beim Abfüllen gibt. Das funktioniert hervorragend, indem man die Masse auf ein flaches Blech gibt und mit einem Nudelholz flach walzt.

**3 DEN DARM AUFZIEHEN:** Zum Befüllen muss jeder Darm vollständig auf das Füllrohr gefädelt werden. Es bedarf dabei etwas Übung und Fingerspitzen-

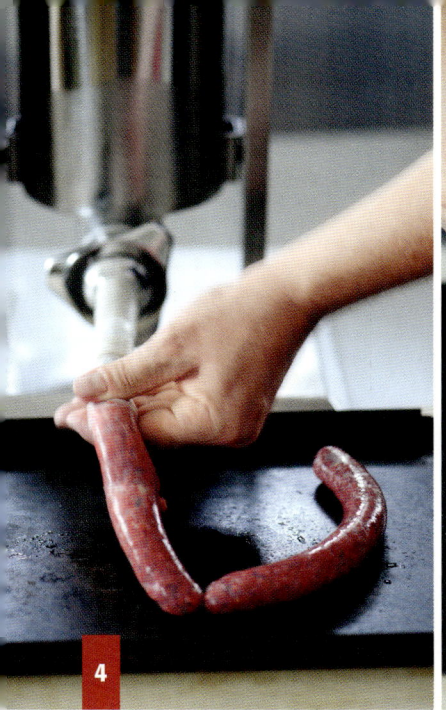  

gefühl, bis man den Anfang des Darms findet und ihn auf das Füllrohr bekommt. Das Nachführen ist weniger schwierig, besonders wenn der Darm direkt aus dem Wasserbad nass aufgefädelt wird. Wenn man auf Widerstand stößt, nicht zu kräftig ziehen, sonst reißt der Darm und man muss später beim Füllvorgang öfter unterbrechen und neu verknoten.

**4 DAS BRÄT ABFÜLLEN:** Das Brät mit Schwung in den Wurstfüller bzw. den Fleischwolf drücken, damit möglichst wenig Luft im Brät ist. Dann das Brät bis vorne ins Füllrohr drücken. Den Darm zuknoten und dann kann es eigentlich auch schon losgehen. Wenn sich Luftblasen bilden, diese mit einer Nadel anstechen, damit die Luft entweichen kann. Es ist ein bisschen Übungssache, bis man den Dreh raushat. Ist der Darm zu fest befüllt, wird die Wurst später platzen. Ist der Darm zu locker gefüllt, wird die Wurst sehr schrumpelig auf dem Grill. Der Geschmack wird aber in beiden Fällen nicht zu sehr leiden, sodass auch diese Würste nicht im Abfall landen müssen. Es ist auf jeden Fall hilfreich, zu zweit zu arbeiten. Während einer kurbelt, kann der andere den Darm abfädeln und gleichzeitig die Würste in der Wunschlänge abdrehen. Ist man alleine, ist es einfacher, erst den ganzen Darm zu befüllen und hinterher die Würste abzudrehen.

**5 DIE WÜRSTE ABDREHEN:** Beim Abdrehen muss man darauf achten, dass man bei der ersten Wurst linksherum abdreht, bei der nächsten rechtsherum und so weiter, sonst gehen die Würste unweigerlich wieder auf. Also: Knoten in den Darm und füllen. An der Wunschlänge mit Daumen und Zeigefinger abdrücken und die nächste Wurst füllen. Dann da, wo man abgedrückt hat, nach einer Seite abdrehen. »Die nächste Wurst« in den Darm füllen und an der Wunschlänge wieder abdrücken, dann nach der anderen Seite abdrehen. Durch das Abdrehen kann man auch die Festigkeit der Wurst noch etwas regulieren, indem man bei sehr lockerer Füllung noch ein paar »Extrarunden« macht, bis der Darm leicht unter Spannung steht. Übung macht's!

**6 DIE MASCHINE REINIGEN:** Mit einem eingerollten Stück Packpapier kann man mühelos das restliche

Fleisch aus dem Wolf drehen. Man gibt es einfach in den Einfülltrichter. Das Papier staut sich an der Lochscheibe. Aber aufpassen: Sobald vorne kein Brät mehr herauskommt, sollte man den Fleischwolf ausschalten, möchte man keine Papierstückchen produzieren. An der Schnecke, dem Teil des Fleischwolfs, das das Fleisch quetscht und Richtung Lochscheibe befördert, befindet sich nach dieser Reinigung kein Fleisch mehr. Hüten Sie sich bitte vor Experimenten mit anderem Papier. Wenn es um die Wurst geht, ist etwas Vorsicht durchaus angebracht. Hygiene ist bei rohem Fleisch stets oberstes Gebot. Wenn Sie nicht lange warten mit dem Abwaschen, lässt sich alles mühelos reinigen. Vor allem das Schneidbrett sollte regelmäßig mit einer Drahtbürste geschrubbt werden.

## RESTEVERWERTUNG

Es lohnt sich eigentlich kaum, nur 100 Gramm Brät für zwei oder drei Würstchen zu machen. Wenn man schon mal loslegt, dann stellt man meist gleich eine eher größere Menge her. Je nach Länge und Durchmesser der Würste werden aus 2 Kilogramm Brätmasse aber 20 bis 50 Würste. Da bleibt schon mal etwas übrig.

Es muss ja nicht immer Wurst sein. Sie können übrig gebliebenes Brät natürlich auch für andere leckere Gerichte verwenden: Beispielsweise lassen sich daraus Fleischbällchen machen, oder Sie verwenden es zum Füllen, zum Beispiel von Maultaschen, Cannelloni oder Strudeln.

Man kann auch prima etwas Brätmasse in Gefrierbeutel abfüllen und einfrieren. Kleiner Tipp: Den flach gefüllten, offenen Beutel in einen Eimer mit kaltem Wasser halten, dabei aufpassen, dass oben kein Wasser reinläuft und dann zuzippen oder -binden. Mit dieser Methode bleibt kaum Luft im Beutel und die Masse ist besser geschützt.

Um fertige Würste haltbar zu machen, können Sie sie in einem großen Topf bei 90 °C brühen, bis sie gar sind. Auf diese Weise halten sich die Würste zwei bis drei Tage abgedeckt im Kühlschrank. Ob frisch gegrillt, als Einlage im Eintopf oder geschmort – sie schmecken auch dann noch hervorragend.

Natürlich lassen sich Würste auch einfrieren. Wenn der kleine Hunger kommt, taut man schnell eine Wurst auf und bereitet sie ruckzuck zu. Ich habe immer ein bisschen Angst bei rohem Hackfleisch und brühe die Würste deshalb, bevor ich sie einfriere. Wenn man sie flach auf ein Blech mit Frischhaltefolie legt, funktioniert es aber auch mit rohen Würsten. Wichtig ist nur, dass die Würste immer gut mit Folie abgedeckt sind, sonst entsteht schnell Gefrierbrand.

**BILD UNTEN:** Eine tolle Wurstverwendung: knusprige Pizza mit Chorizo und grünem Spargel (Rezept siehe Seite 66).

# WURSTSORTEN

Seit über 2000 Jahren gibt es bereits Würste. Die erste Blütezeit erlebte das Fleischbrät im Naturdarm im Mittelalter: Viele der heutigen Rezepte gehen auf die Zeit zurück, als Nonnen und Mönche in den Klöstern Würste herstellten und sie haltbar machten, um lange Winter oder Belagerungen zu überstehen – aber auch, um hohe Gäste kulinarisch zu erfreuen. Heute genießen wir ein reichhaltiges Wurstsortiment, das mit über 1500 Sorten weltweit seinesgleichen sucht. Dazu kommen natürlich neue Sorten mit Gemüsefüllung, vegan oder sogar mit Fisch.

# BRATWURST

**ZUTATEN: FÜR CA. 10 STÜCK**
750 G SCHWEINESCHULTER OHNE SEHNEN ✚ 300 G ROHER SCHWEINERÜCKENSPECK ✚ 1 ZWIEBEL ✚ 10 G KNOBLAUCH ✚ 3–4 ZWEIGE FRISCHER MAJORAN ✚ ABRIEB VON EINER ½ BIO-ZITRONE ✚ 20 G SALZ ✚ 5 G FRISCH GEM. WEISSER PFEFFER ✚ 1 PRISE GERIEBENE MUSKATNUSS ✚ 1 PRISE GEM. SENFSAAT ✚ 1 EI (GRÖSSE L) ✚ 70 G KALTE SAHNE (FÜR LAKTOSEFREIE WURST KRÄFTIGE BRÜHE VERWENDEN)

**1** Das Fleisch und den Speck grob würfeln. Die Zwiebel und den Knoblauch schälen und grob würfeln. Den Majoran waschen, trocken tupfen und die Blätter abzupfen. Das Fleisch und den Speck mit Zwiebel, Knoblauch, Majoran, Zitronenabrieb, Salz und den Gewürzen kräftig durchmengen; für etwa 3 Stunden gut abgedeckt im Kühlschrank marinieren.

**2** Das Fleisch 2-mal durch die feine Lochscheibe (3 mm) des Fleischwolfs drehen. Anschließend Ei und Sahne dazugeben und nochmals kräftig durchmengen.

**3** Die Fülltülle am Fleischwolf bzw. Wurstfüller montieren. Einen gewässerten Darm (24 mm) auf die Fülltülle ziehen, das Brät bis zur Mündung der Tülle pressen. Das Ende des Darms zuknoten und den Darm befüllen. Zum Schluss das andere Darmende verknoten.

**4** Würste von etwa 20 cm Länge abdrehen (genaue Anleitung siehe Seite 13). Die Würste können sofort gebraten und verzehrt werden.

# GROBE BRATWURST
## MIT INGWER UND ZITRONENGRAS

**ZUTATEN: FÜR CA. 10–15 STÜCK**
750 G SCHWEINESCHULTER OHNE SEHNEN ✚ 300 G ROHER SCHWEINERÜCKENSPECK ✚ 1 ZWIEBEL ✚
10 G KNOBLAUCH ✚ 40 G INGWER ✚ 24 G SALZ ✚ 5 G FRISCH GEM. WEISSER PFEFFER ✚
JE 1 PRISE GEM. BOCKSHORNKLEE, KREUZKÜMMEL, KURKUMA, SENFSAAT UND GERIEBENE MUSKATNUSS
100 G LAUCHZWIEBEL ✚ 1–2 CHILISCHOTEN (SCHÄRFE UND MENGE NACH GESCHMACK) ✚ ½ BUND
FRISCHER KORIANDER ✚ 4 STÄNGEL ZITRONENGRAS ✚ 100 ML KOKOSMILCH ✚ 1 EI (GRÖSSE L)

**1** Das Fleisch und den Speck grob würfeln. Die Zwiebel und den Knoblauch schälen, beides grob würfeln. Den Ingwer schälen und reiben. Das Fleisch und den Speck mit Zwiebel, Knoblauch, Ingwer und allen Gewürzen kräftig durchmengen; für ca. 3 Stunden gut abgedeckt im Kühlschrank marinieren.

**2** In der Zwischenzeit die Lauchzwiebeln putzen, waschen, vierteln und in feine Streifen schneiden. Chili von Stiel, Kernen und feinen Häuten befreien und fein hacken. Den Koriander waschen, gründlich trocken tupfen, die Blätter abzupfen und fein schneiden.

**3** Die Zitronengrasstängel in kleine Stücke schneiden und mit der Kokosmilch im Standmixer zerkleinern. Die Flüssigkeit durch ein Sieb passieren, die Milch auffangen (die Reste aus dem Sieb entsorgen, diese sind zu hart zum Essen).

**4** Das gekühlte Fleisch 2-mal durch die mittlere Scheibe (5 mm) des Fleischwolfs drehen.

**5** Die Masse kräftig durchmengen, dabei das Ei, die Lauchzwiebelstreifen, die Kokosmilch sowie Koriander und Chili einarbeiten.

**6** Die Fülltülle am Wurstfüller bzw. Fleischwolf montieren. Einen gewässerten Darm (18 mm) auf die Fülltülle ziehen, das Brät bis zur Mündung der Tülle pressen. Das Ende des Darms zuknoten und den Darm befüllen. Zum Schluss das andere Darmende verknoten.

**7** Würste von etwa 16–18 cm Länge abdrehen (genaue Anleitung siehe Seite 13). Die Würste können sofort gebraten und verzehrt werden.

# KALBSBRATWURST
## MIT BÄRLAUCH

**ZUTATEN: FÜR CA. 15–20 STÜCK**
750 G SCHWEINESCHULTER + 750 G KALBSSCHULTER + 500 G ROHER SCHWEINERÜCKENSPECK + 150 G ZWIEBELN + 1 KNOBLAUCHZEHE + 100 G APFEL + 1 BUND FRISCHER BÄRLAUCH + 2 EIER (GRÖSSE L) + 150 G KALTE SAHNE (NACH WUNSCH DURCH KALBSBRÜHE ODER WEISSEN PORTWEIN ERSETZEN) + 40 G SALZ + 1 PRISE FRISCH GEM. WEISSER PFEFFER + JE 1 PRISE GERIEBENE MUSKATNUSS UND GEM. SENFSAAT + 1 PRISE NELKENPULVER

**1** Das Fleisch von Sehnen befreien und in Streifen schneiden. Den Speck würfeln. Alles mit mittlerer Lochscheibe (5 mm) durch den Wolf drehen, kalt stellen.

**2** Die Zwiebeln und den Knoblauch schälen. Den Apfel waschen, abtrocknen, vom Kerngehäuse befreien und schälen. Zwiebeln und Apfel würfeln. Den Bärlauch waschen und gut trocken tupfen.

**3** Fleischmasse, Zwiebeln, Knoblauch, Apfel und Bärlauch zusammen nochmals mit der feinen Lochscheibe (3 mm) wolfen.

**4** Eier und Sahne mit dem Salz und den Gewürzen verquirlen und gründlich – am besten mit einem Rührgerät – unter das Fleisch mengen.

**5** Die Fülltülle am Wurstfüller bzw. Fleischwolf montieren. Einen gewässerten Darm (26 mm) auf die Fülltülle ziehen, das Brät bis zur Mündung der Tülle pressen. Das Ende des Darms zuknoten und den Darm befüllen. Zum Schluss das andere Darmende verknoten.

**6** Würste von etwa 22–24 cm Länge abdrehen (genaue Anleitung siehe Seite 13). Die Würste können sofort verzehrt werden.

# SALSICCIA
## MIT FENCHEL

**ZUTATEN: FÜR CA. 40 STÜCK**
800 G ROHER SCHWEINERÜCKENSPECK ✢ 1200 G SCHWEINESCHULTER ✢ 2 KNOBLAUCHZEHEN ✢ 2–3 ZWEIGE FRISCHER OREGANO ✢ 40 G SALZ ✢ 5 G FENCHELSAMEN ✢ 1 PRISE FRISCH GEM. WEISSER PFEFFER ✢ 1 PRISE GERIEBENE MUSKATNUSS UND GEM. SENFSAAT

**1** Den Speck würfeln und durch die feine Lochscheibe (3 mm) des Fleischwolfs drehen; kalt stellen.

**2** Das Fleisch von Sehnen befreien und in Streifen schneiden. Den Knoblauch schälen. Den Oregano waschen, gut trocken tupfen und die Blätter abzupfen.

**3** Speckmasse, Fleisch, Knoblauch und Oregano mit mittlerer Lochscheibe (5 mm) 2-mal durch den Wolf drehen.

**4** Das Salz und die übrigen Gewürze zur Fleischmasse geben und kräftig durchmischen.

**5** Die Fülltülle am Wurstfüller bzw. Fleischwolf montieren. Einen gewässerten Darm (34 mm) auf die Fülltülle ziehen, das Brät bis zur Mündung der Tülle pressen. Das Ende des Darms zuknoten und den Darm befüllen. Zum Schluss das andere Darmende verknoten.

**6** Würste von etwa 8–10 cm Länge abdrehen (genaue Anleitung siehe Seite 13). Die Würste können sofort gebraten oder geschmort werden.

# CHORIZO

**ZUTATEN: FÜR CA. 25 STÜCK**
1200 G SCHWEINESCHULTER ✢ 800 G ROHER SCHWEINERÜCKENSPECK ✢ 4 KNOBLAUCHZEHEN ✢ 40 G SALZ ✢ 35 G GERÄUCHERTES MILDES PAPRIKAPULVER ✢ JE 1 PRISE FRISCH GEM. SCHWARZER PFEFFER UND KÜMMEL ✢ JE 1 PRISE GEREBELTER OREGANO UND LIEBSTÖCKEL ✢ 1 PRISE GEM. SENFSAAT ✢ 1 PRISE CAYENNEPFEFFER ✢ 5 CL SÜSSER SPANISCHER WEISSWEIN

**1** Das Fleisch von Sehnen befreien und in Streifen schneiden. Den Speck würfeln. Den Knoblauch schälen. Alles zusammen mit mittlerer Lochscheibe (5 mm) 2-mal durch den Wolf drehen.

**2** Das Salz, alle Gewürze und den Wein dazugeben und kräftig durchmischen. Die Masse mit Folie luftdicht abdecken und mindestens 5 Stunden im Kühlschrank durchziehen lassen.

**3** Die Fülltülle am Wurstfüller bzw. Fleischwolf montieren. Einen gewässerten Darm (32 mm) auf die Fülltülle ziehen, das Brät bis zur Mündung der Tülle pressen. Das Ende des Darms zuknoten und den Darm befüllen. Zum Schluss das andere Darmende verknoten.

**4** Würste von etwa 10–12 cm Länge abdrehen (genaue Anleitung siehe Seite 13). Die Würste sind sofort verzehrfertig.

# GROBE WILDSCHWEINWURST

**ZUTATEN: FÜR CA. 18–22 STÜCK**
1000 G WILDSCHWEINSCHULTER ✚ 500 G SCHWEINENACKEN ✚ 500 G ROHER SCHWEINERÜCKENSPECK ✚ 150 G ZWIEBELN ✚ 1 KNOBLAUCHZEHE ✚ 2 ZWEIGE FRISCHER MAJORAN ✚ 3–4 STÄNGEL BLATTPETERSILIE ✚ 150 G KALTE SAHNE (NACH WUNSCH DURCH KALBSBRÜHE ODER SÜSSEN ROTWEIN ERSETZEN) ✚ 40 G SALZ ✚ 1 PRISE GESCHROTETER GRÜNER PFEFFER ✚ JE 1 PRISE GERIEBENE MUSKATNUSS UND NELKENPULVER ✚ 1 PRISE GETROCKNETE, GEM. STEINPILZE ✚ 8 G SENFKÖRNER ✚ ABGERIEBENE BIO-ZITRONENSCHALE (NACH BELIEBEN) ✚ 100 G WILDPREISELBEEREN

**1** Das Wildschweinfleisch von Sehnen befreien und in Streifen schneiden. 2-mal durch die grobe Scheibe (8 mm) des Fleischwolfs drehen. Kalt stellen.

**2** Den Schweinenacken und den Speck würfeln und mit mittlerer Lochscheibe (5 mm) durch den Fleischwolf drehen.

**3** Die Zwiebeln und den Knoblauch schälen, beides würfeln. Die Kräuter waschen, gut trocken tupfen und die Blätter abzupfen.

**4** Die Schweinenacken-Speck-Masse zusammen mit Zwiebeln, Knoblauch und Kräutern noch einmal mit der feinen Lochscheibe (5 mm) wolfen.

**5** Die Sahne mit dem Salz, den Gewürzen und dem Zitronenabrieb verquirlen. Zusammen mit dem grob gewolften Wildschweinfleisch, der Speck-Kräuter-Masse sowie den Preiselbeeren gründlich, am besten mit einem Rührgerät, durchkneten.

**6** Die Fülltülle am Wurstfüller bzw. Fleischwolf montieren. Einen gewässerten Darm (24 mm) auf die Fülltülle ziehen, das Brät bis zur Mündung der Tülle pressen. Das Ende des Darms zuknoten und den Darm befüllen. Zum Schluss das andere Darmende verknoten.

**7** Würste von etwa 22–24 cm Länge abdrehen (genaue Anleitung siehe Seite 13). Die Würste können sofort verzehrt werden.

# MERGUEZ

**ZUTATEN: FÜR CA. 20 STÜCK**
500 G HOHE RIPPE VOM RIND ✚ 400 G WADENFLEISCH VOM LAMM ✚ 20 G KNOBLAUCH ✚
1 ZWIEBEL (100 G) ✚ 10 ML WEISSWEINESSIG (6 %) ✚ ABRIEB VON ½ BIO-ORANGE ✚ 20 G SALZ ✚
JE 1 GESTR. TL ZIMTPULVER, GEM. KORIANDER, KREUZKÜMMEL UND SCHWARZER PFEFFER ✚
12 G GERÄUCHERTES PAPRIKAPULVER (JE NACH GESCHMACK MILD ODER SCHARF)

**1** Das Fleisch von Sehnen befreien und grob würfeln. Den Knoblauch schälen und mit dem Fleisch 2-mal durch die feine Scheibe (3 mm) des Fleischwolfs drehen.

**2** Die Zwiebel schälen und ganz fein würfeln. Die Hackfleischmasse mit der Zwiebel, dem Essig, Orangenabrieb, Salz und allen Gewürzen kräftig durchmengen und für ca. 3 Stunden gut abgedeckt im Kühlschrank marinieren.

**3** Die Fülltülle am Wurstfüller bzw. Fleischwolf montieren. Einen gewässerten Darm (34 mm) auf die Fülltülle ziehen, das Brät bis zur Mündung der Tülle pressen. Das Ende des Darms zuknoten und den Darm befüllen. Zum Schluss das andere Darmende verknoten.

**4** Würste von etwa 8–10 cm Länge abdrehen (genaue Anleitung siehe Seite 13). Die gefüllte Wurst kann sofort gebraten und verzehrt werden.

## So geht`s auch

Man kann die Zwiebeln auch mitwolfen, allerdings tritt dann etwas mehr Saft aus und es besteht die Gefahr, dass die Wurst leicht bitter schmeckt.

# HIRSCHWURST
## MIT KRÄUTERN

**ZUTATEN: FÜR CA. 18–22 STÜCK**
1000 G HIRSCHSCHULTER ✚ 500 G KALBSSCHULTER ✚ 500 G ROHER SCHWEINERÜCKENSPECK ✚ 150 G ZWIEBELN ✚ 1 KNOBLAUCHZEHE ✚ 3–4 FRISCHE ZWEIGE THYMIAN, ROSMARIN, BLATTPETERSILIE ✚ 150 G KALTE SAHNE (FÜR LAKTOSEFREIE WURST KALBSBRÜHE VERWENDEN) ✚ 1 EI (GRÖSSE L) ✚ 80 ML COGNAC ✚ 40 G SALZ ✚ JE 1 PRISE GESCHROTETER BUNTER PFEFFER, GEMÖRSERTE WACHOLDERBEEREN, GERIEBENE MUSKATNUSS, NELKENPULVER UND GETROCKNETE, GEM. STEINPILZE ✚ ABGERIEBENE BIO-ZITRONENSCHALE (NACH BELIEBEN)

**1** Die Schulterstücke von Sehnen befreien und in Streifen schneiden. Den Speck würfeln und alles zusammen 2-mal bei mittlerer Lochscheibe (5 mm) durch den Fleischwolf drehen.

**2** Die Zwiebeln schälen und würfeln. Den Knoblauch schälen. Die Kräuter waschen und gut trocken tupfen, die Blätter abzupfen.

**3** Fleischmasse, Zwiebeln, Knoblauch und Kräuter noch einmal mit der mittleren Lochscheibe (5 mm) wolfen.

**4** Die Sahne mit dem Ei, dem Cognac, dem Salz, allen Gewürzen und dem Zitronenabrieb verquirlen, zur Fleischmasse geben und alles gründlich durchkneten.

**5** Die Fülltülle am Wurstfüller bzw. Fleischwolf montieren. Einen gewässerten Darm (30 mm) auf die Fülltülle ziehen, das Brät bis zur Mündung der Tülle pressen. Das Ende des Darms zuknoten und den Darm befüllen. Zum Schluss das andere Darmende verknoten.

**6** Würste von etwa 18–22 cm Länge abdrehen (genaue Anleitung siehe Seite 13). Die Würste sollten sofort verzehrt werden.

# CHILIKRAINER

**ZUTATEN: FÜR CA. 15–20 STÜCK**
1000 G RINDERSCHULTER ✚ 1000 G ROHER SCHWEINERÜCKENSPECK ✚ 100 G GEKOCHTE ROTE BETE ✚ 2 KNOBLAUCHZEHEN ✚ 2 EIER (GRÖSSE L) ✚ 40 G SALZ ✚ 50 G ROHRZUCKER ✚ JE 1 PRISE GEM. WEISSER PFEFFER, SENFSAAT UND KORIANDER ✚ 1 PRISE GERIEBENE MUSKATNUSS ✚ 25 G SCHARFES PAPRIKAPULVER ✚ 8 G CHILIPULVER (JE NACH GEWÜNSCHTEM SCHÄRFEGRAD UND CHILISORTE AUCH MEHR) ✚ 20 ML LIQUID SMOKE

**1** Das Fleisch von Sehnen befreien und in Streifen schneiden. Den Speck würfeln. Beides mit mittlerer Lochscheibe (5 mm) durch den Fleischwolf drehen. Kalt stellen.

**2** Die gekochte Rote Bete schälen und etwas zerteilen. Den Knoblauch schälen; beides im Standmixer pürieren.

**3** Fleischmasse, Rote Bete und Knoblauch noch einmal mit der mittleren Scheibe (5 mm) wolfen.

**4** Die Eier mit Salz, Zucker, den Gewürzen und dem Liquid Smoke verquirlen und gründlich mit dem Fleisch vermischen.

**5** Die Fülltülle am Wurstfüller bzw. Fleischwolf montieren. Einen gewässerten Darm (24 mm) auf die Fülltülle ziehen, das Brät bis zur Mündung der Tülle pressen. Das Ende des Darms zuknoten und den Darm befüllen. Zum Schluss das andere Darmende verknoten.

**6** Würste von etwa 22 cm Länge abdrehen (genaue Anleitung siehe Seite 13). Die Würste sind sofort verzehrfertig.

## So geht`s auch

Anstelle von Chilipulver können Sie auch frische rote Chilischoten dazugeben – einfach zusammen mit der Roten Bete und dem Knoblauch im Mixer zerkleinern.

# GEFLÜGELBRATWURST

**ZUTATEN: FÜR CA. 15–20 STÜCK**
1000 G HÄHNCHENKEULENFLEISCH (CA. 1,3 KG MIT KNOCHEN) + 500 G SCHWEINEHAXENFLEISCH (CA. 900 G MIT KNOCHEN) + 500 G ROHER SCHWEINERÜCKENSPECK + 150 G ZWIEBELN + 35 G SALZ + JE 1 PRISE GEM. WEISSER PFEFFER, INGWER UND PIMENT + JE 1 PRISE GEM. KURKUMA, SENFSAAT UND GERIEBENE MUSKATNUSS + 1 PRISE PAPRIKAPULVER + 150 G KALTE SAHNE (FÜR LAKTOSEFREIE WURST HÜHNERBRÜHE VERWENDEN) + 1 EI (GRÖSSE L)

**1** Die Hähnchenkeulen entbeinen, die Haut abziehen und das Fleisch in Streifen schneiden. Die Haxe ausbeinen und die Schwarte abschneiden. Das Haxenfleisch und den Speck würfeln. Das Fleisch kurz einfrieren; es sollte leicht angefroren sein.

**2** Die Zwiebeln schälen und würfeln. Mit dem Fleisch und Speck zusammen einmal mit der mittleren Lochscheibe (5 mm) wolfen.

**3** Die Masse wieder kurz einfrieren; durch die feine Scheibe (3 mm) des Fleischwolfs drehen. Noch einmal anfrieren lassen und ein weiteres Mal durch die feine Scheibe drehen.

**4** Das Salz und die Gewürze mit der kalten Sahne und dem Ei verquirlen und mit einem Rührgerät auf schneller Stufe unter die Fleischmasse kneten.

**5** Die Fülltülle am Wurstfüller bzw. Fleischwolf montieren. Einen gewässerten Darm (28 mm) auf die Fülltülle ziehen, das Brät bis zur Mündung der Tülle pressen. Das Ende des Darms zuknoten und den Darm befüllen. Zum Schluss das andere Darmende verknoten.

**6** Würste von etwa 18–20 cm Länge abdrehen (genaue Anleitung siehe Seite 13). Die Würste können sofort verzehrt werden.

## So geht`s auch

Die Geflügelwurst kann auch ausschließlich aus Hähnchenfleisch zubereitet werden, allerdings ist sie dann nicht ganz so saftig.

Eine leckere **Variante** ist die **Geflügelbratwurst mit Tomaten und Pistazien.** Dazu nach Schritt 3 200 g getrocknete Tomaten mit kochendem Wasser überbrühen, 3 Minuten quellen lassen, abgießen und ganz gründlich trocken tupfen, dann in Streifen schneiden. Das Fleisch zusammen mit den Tomaten und 80 g Pistazienkernen ein weiteres Mal durch die mittlere Scheibe drehen.

# PUTENBRATWURST

**ZUTATEN: FÜR CA. 15–20 STÜCK**
1000 G PUTENBRUSTFILET OHNE HAUT UND KNOCHEN ✚ 500 G SCHWEINEHAXENFLEISCH (CA. 900 G MIT KNOCHEN) ✚ 500 G ROHER SCHWEINERÜCKENSPECK ✚ 150 G ZWIEBELN ✚ 35 G SALZ ✚ JE 1 PRISE GEM. WEISSER PFEFFER, INGWER UND PIMENT ✚ JE 1 PRISE GEM. KURKUMA, SENFSAAT UND GERIEBENE MUSKATNUSS ✚ 1 PRISE PAPRIKAPULVER ✚ 150 G KALTE SAHNE (FÜR LAKTOSEFREIE WURST HÜHNERBRÜHE VERWENDEN) ✚ 1 EI (GRÖSSE L)

**1** Das Putenbrustfilet in Streifen schneiden. Die Haxe ausbeinen und die Schwarte abschneiden. Das Haxenfleisch und den Speck würfeln. Das Fleisch kurz einfrieren; es sollte leicht angefroren sein.

**2** Die Zwiebeln schälen und würfeln. Mit dem Fleisch und dem Speck zusammen einmal mit der mittleren Lochscheibe (5 mm) wolfen.

**3** Die Masse wieder kurz einfrieren. Durch die feine Scheibe (3 mm) des Fleischwolfs drehen. Noch einmal anfrieren lassen und ein weiteres Mal durch die feine Scheibe drehen.

**4** Die Gewürze mit der kalten Sahne und dem Ei verquirlen und mit einem Rührgerät auf schneller Stufe unter die Fleischmasse kneten.

**5** Die Fülltülle am Wurstfüller bzw. Fleischwolf montieren. Einen gewässerten Darm (24 mm) auf die Fülltülle ziehen, das Brät bis zur Mündung der Tülle pressen. Das Ende des Darms zuknoten und den Darm befüllen. Zum Schluss das andere Darmende verknoten.

**6** Würste von etwa 20–22 cm Länge abdrehen (genaue Anleitung siehe Seite 13). Die Würste können sofort verzehrt werden.

## So geht's auch

Für Mini-Putenkäsekrainer 150 g klein gewürfelten Bergkäse zur Wurstmasse hinzufügen (Schritt 4) und ohne Darm in 4 cm kurze Würstchen abdrehen. Man kann sie sofort einfrieren und portionsweise verwenden.

# LACHSBRATWURST

**ZUTATEN: FÜR CA. 30 STÜCK**
500 G LACHSFILET OHNE HAUT UND GRÄTEN ✚ 1 KLEINES BUND BLATTPETERSILIE ✚ 1 EI (GRÖSSE L) ✚ 150 G KALTE SAHNE ✚ 150 G SEMMELBRÖSEL ✚ 20 G SALZ ✚ 1 PRISE FRISCH GEM. WEISSER PFEFFER ✚ 1 PRISE PAPRIKAPULVER ✚ JE 1 PRISE GEMÖRSERTE ANISSAMEN, GERIEBENE MUSKATNUSS UND GEM. SENFSAAT ✚ 500 G HEISS GERÄUCHERTER LACHS, Z. B. STREMELLACHS

**1** Das Lachsfilet halbieren; eine Hälfte in feine Würfel schneiden. Die Petersilie waschen, trocken schütteln und die Blätter abzupfen. Die andere Hälfte des halbierten Lachsfilets mit Ei, Sahne, Semmelbröseln, Salz und allen Gewürzen im Standmixer pürieren.

**2** Den Räucherlachs mit zwei Gabeln zerrupfen. Zusammen mit den Lachswürfeln gut mit der pürierten Masse vermischen.

**3** Die Fülltülle am Wurstfüller bzw. Fleischwolf montieren. Einen gewässerten Darm (22 mm) auf die Fülltülle ziehen, das Brät bis zur Mündung der Tülle pressen. Das Ende des Darms zuknoten und den Darm befüllen. Zum Schluss das andere Darmende verknoten.

**4** Würste von etwa 16–18 cm Länge abdrehen (genaue Anleitung siehe Seite 13). Die Würste können sofort verzehrt werden und sollten nicht länger als einen Tag roh im Kühlschrank lagern.

# BRATWURST
## MIT JAKOBSMUSCHELN UND SHRIMPS

**ZUTATEN: FÜR ETWA 15–20 STÜCK**
500 G SHRIMPS ✚ 500 G JAKOBSMUSCHELFLEISCH ✚ 500 G WEISSES FISCHFILET, Z. B. PANGASIUS ✚ 150 G KALTE SAHNE ✚ 120 G ZIMMERWARME BUTTER ✚ 1 EI (GRÖSSE L) ✚ 1 EL DIJON-SENF ✚ 24 G SALZ ✚ 150 G SEMMELBRÖSEL ✚ 5 CL PERNOD ✚ 1 PRISE FRISCH GEM. WEISSER PFEFFER ✚ 1 PRISE GERIEBENE MUSKATNUSS ✚ 2 STÄNGEL DILL

**1** Die Shrimps kalt abwaschen, gut trocken tupfen und grob hacken; kalt stellen.

**2** Die Jakobsmuscheln kalt abwaschen und gründlich trocken tupfen. Die Fischfilets in grobe Stücke schneiden. Muscheln und Fisch im Standmixer mit Sahne, Butter, Ei, Senf, Salz, Semmelbröseln, dem Pernod und den Gewürzen zu einer feinen Masse pürieren.

**3** Den Dill waschen, die Dillspitzen von den Stängeln zupfen, trocken tupfen und grob hacken. Zusammen mit den Shrimps unter die Masse heben.

**4** Die Fülltülle am Wurstfüller bzw. Fleischwolf montieren. Einen gewässerten Wurstdarm (22 mm) auf die Fülltülle ziehen. Die Masse bis zur Mündung pressen. Das Ende des Darms zuknoten und den Darm befüllen. Zum Schluss das andere Darmende verknoten.

**5** Würste von etwa 22 cm Länge abdrehen (genaue Anleitung siehe Seite 13). Die Würste sind sofort verzehrfertig.

# VEGANER CHILI-KRAINER

**ZUTATEN: FÜR CA. 45 STÜCK**
40 G SALZ ✛ 150 ML OLIVENÖL ✛ 200 G MAISGRIESS ✛ 200 G BULGUR ✛ 300 G ZARTE MEHRKORNFLOCKEN ✛ 150 G ZWIEBELN ✛ 300 G ROTE PAPRIKASCHOTEN ✛ 1–2 ROTE CHILISCHOTEN ✛ 100 G KÜRBISKERNE ✛ 30 G GERÄUCHERTES SCHARFES PAPRIKAPULVER

**1** In einem weiten Topf 800 ml Wasser mit Salz und Öl aufkochen und den Maisgrieß mit dem Schneebesen einrühren. So lange rühren, bis eine glatte Masse entsteht. Den Topf vom Herd nehmen, den Bulgur und die Mehrkornflocken einrühren. Die Masse etwas auskühlen lassen.

**2** Die Zwiebeln schälen. Paprika waschen und putzen. Beide Gemüse in ca. 5 mm kleine Würfel schneiden. Chili von Stiel, Kernen und feinen Häuten befreien, fein hacken.

**3** Alle Zutaten einschließlich der Kürbiskerne und dem Paprikapulver mischen und mit der Küchenmaschine auf niedriger Stufe bzw. mit den Knethaken des Handrührgeräts kneten, bis eine gleichmäßige Masse entsteht.

**4** Die Masse noch lauwarm mithilfe eines Fleischwolfs oder Wurstfüllers ohne Darm zu kleinen, dünnen Würsten von etwa 10–12 cm Länge formen. Die fertigen Würste eine halbe Stunde im Kühlschrank ruhen lassen.

## Happy-Wurst-Tipp

Sie können die Würste auch super einfrieren. Dazu nach Möglichkeit auf ein Backblech legen und dann gefroren in einen Gefrierbeutel geben. So lassen sie sich später einzeln entnehmen. Mit reichlich Öl in einer Pfanne braten, bis sie goldbraun und knusprig sind.

# VEGANE BRATWURST

*vegan*

**ZUTATEN: FÜR CA. 40 STÜCK**
500 G FESTKOCHENDE KARTOFFELN ✚ 180 G KARTOFFELSTÄRKE ✚ 150 G KAROTTEN ✚ 200 G PAPRIKASCHOTEN (BUNT GEMISCHT) ✚ 150 G ZWIEBELN ✚ 2 ZWEIGE FRISCHER MAJORAN ✚ 30 G SALZ ✚ 450 G KERNIGE HAFERFLOCKEN ✚ 200 G GEKOCHTE BRAUNE LINSEN ✚ 20 G GERÄUCHERTES, MILDES PAPRIKAPULVER ✚ JE 80 G SONNENBLUMEN- UND KÜRBISKERNE ✚ 2 G FRISCH GEM. SCHWARZER PFEFFER

**1** Die Kartoffeln mit Schale garen, etwas abkühlen lassen und pellen. Durch eine Kartoffelpresse drücken und mit der Stärke zu einem glatten Teig verkneten. Den Kartoffelteig auskühlen lassen.

**2** Währenddessen Karotten und Paprika waschen und trocken tupfen. Die Zwiebeln und Karotten schälen und die Paprika entkernen. Das Gemüse in ca. 5 mm kleine Würfel schneiden. Den Majoran waschen, gründlich trocken tupfen, die Blätter abzupfen und grob hacken.

**3** Sämtliche Zutaten mischen und am besten mit den Händen durchkneten, bis eine gleichmäßige Masse entsteht. Bei Verwendung einer Küchenmaschine nur die niedrigste Stufe verwenden, damit das Gemüse nicht gequetscht wird.

**4** Die Masse mithilfe eines Wurstfüllers oder Fleischwolfs ohne Darm zu kleinen, dünnen Würsten von etwa 12 cm Länge formen. Die fertigen Würste eine halbe Stunde im Kühlschrank ruhen lassen.

## Happy-Wurst-Tipp

Zur Bevorratung können die Würste auch super eingefroren werden. Wenn der Hunger kommt, am besten in einer Pfanne mit reichlich Öl braten.

# VEGETARISCHER KÄSEKRAINER

**ZUTATEN: FÜR CA. 35 STÜCK**
800 G FESTKOCHENDE KARTOFFELN ✚ 220 G KARTOFFELSTÄRKE ✚ 150 G ZWIEBELN ✚
1 KNOBLAUCHZEHE ✚ 4–5 STÄNGEL PETERSILIE ✚ 180 G BLÜTENZARTE HAFERFLOCKEN ✚
100 G GEMAHLENE HASELNÜSSE ✚ 150 G GEHACKTE MANDELN ✚ 100 G GERIEBENER PARMESAN ✚
250 G GERIEBENER BERGKÄSE ✚ 30 G SALZ ✚ 10 G EDELSÜSSES PAPRIKAPULVER ✚ JE 1 PRISE GEM.
SCHWARZER PFEFFER UND KÜMMEL ✚ JE 1 PRISE GEM. KURKUMA UND GERIEBENE MUSKATNUSS

**1** Die Kartoffeln mit Schale kochen, dann etwas abkühlen lassen und pellen. Durch eine Kartoffelpresse drücken und mit der Stärke zu einem glatten Teig verkneten. Den Kartoffelteig auskühlen lassen.

**2** Die Zwiebeln schälen und in ca. 5 mm große Würfel schneiden. Den Knoblauch schälen und ganz fein hacken. Die Petersilie waschen, gut trocken tupfen, die Blätter abzupfen und fein hacken.

**3** Kartoffelmasse, Zwiebeln, Knoblauch und Petersilie mit allen übrigen Zutaten mischen und mit der Küchenmaschine auf niedriger Stufe bzw. mit den Knethaken des Handrührgeräts zu einem glatten Teig kneten.

**4** Die Masse mithilfe eines Fleischwolfs oder Wurstfüllers ohne Darm zu kleinen, dünnen Würsten von etwa 12–14 cm Länge formen. Die fertigen Würste eine halbe Stunde im Kühlschrank ruhen lassen.

# LECKERES AUS DER WURSTKÜCHE

Während manche Menschen eine gute Bratwurst als eine der größten Spezialitäten der deutschen Küche sehen, ist es für andere nur ein preiswerter Snack zum Bier auf dem Jahrmarkt. Oder das schlichte Produkt der Resteverwertung beim Schlachten, haltbar gemacht für magere Tage. Dass man damit den kulinarischen Möglichkeiten der Würste Unrecht tut, zeigen die köstlichen Rezepte in diesem Kapitel.

# BRATWURSTSCHNECKEN-BURGER
## MIT GEBACKENEN KARTOFFELECKEN

### ZUTATEN: FÜR 4 PERSONEN
**FÜR DEN BURGER:** 2 GEMÜSEZWIEBELN ✚ 1 STICH BUTTER ✚ JE 1 PRISE SALZ, FRISCH GEM. PFEFFER, ZUCKER ✚ 1 EL ÖL ✚ 4 BRATWURSTSCHNECKEN (AUS DER BRATWURST FORMEN, REZEPT SIEHE SEITE 18) ✚ 4 SOFTE ROGGENBRÖTCHEN ✚ 240 ML BURGERSAUCE (REZEPT SIEHE SEITE 117) ✚ 4–8 BLÄTTER EISBERGSALAT ✚ 8 TOMATENSCHEIBEN
**FÜR DIE KARTOFFELECKEN:** 1 KG FESTKOCHENDE KARTOFFELN ✚ 50 ML OLIVENÖL ✚ JE 1 PRISE GROBES MEERSALZ, GESCHROTETER BUNTER PFEFFER UND GEREBELTER ROSMARIN

**1** Den Backofen auf 180 °C (Umluft) vorheizen. Für die Kartoffelecken die Kartoffeln sorgfältig waschen, abtrocknen und in Spalten schneiden. Gründlich mit dem Olivenöl und den Gewürzen vermischen. Ein Backblech mit Backpapier auslegen, die Spalten darauf verteilen und etwa 25 Minuten knusprig backen.

**2** Für den Burger die Zwiebeln schälen und in Ringe schneiden. Die Butter in einer Pfanne erhitzen und die Zwiebelringe darin bei mittlerer Hitze anbraten. Mit Salz, Pfeffer und Zucker würzen. So lange braten, bis die Zwiebeln weich sind und eine karamellbraune Farbe haben, warm stellen.

**3** Das Öl in der Pfanne erhitzen und die Bratwurstschnecken darin bei mittlerer Hitze von beiden Seiten anbraten. Dabei darauf achten, dass die Wurst auch im Kern gar ist.

**4** Die Brötchen halbieren; die Schnittflächen toasten und mit der Sauce bestreichen. Den Eisbergsalat waschen, trocken schleudern und grob zerrupfen. Jeweils die untere Brötchenhälfte mit Salat, zwei Tomatenscheiben und den Zwiebelringen belegen, darauf eine Bratwurstschnecke legen. Die obere Brötchenhälfte auflegen und den Burger zusammen mit den Kartoffelecken sofort servieren.

# VEGETARISCHE KÄSEKRAINER
## MIT PAPAYA-WILDKRÄUTERSALAT

**ZUTATEN: FÜR 4 PERSONEN**
20 VEGETARISCHE KÄSEKRAINER (REZEPT SIEHE SEITE 39) ✛ ÖL ZUM BRATEN
**FÜR DEN SALAT:** 100 G PAPAYA ✛ 70 ML APFELESSIG ✛ SAFT VON 1 LIMETTE ✛ 1 TL GROBER DIJON-SENF ✛ 50 G NATURJOGHURT ✛ 100 ML AVOCADOÖL ✛ 1 PRISE MEERSALZ ✛ 1 KLEINES STÜCK FRISCH GERIEBENER INGWER ✛ JE 1 PRISE BRAUNER ROHRZUCKER UND EDELSÜSSES PAPRIKAPULVER ✛ 200–300 G GEMISCHTE WILDKRÄUTER (JE NACH SAISON RAUKE, PETERSILIE, LÖWENZAHN, SAUERAMPFER, PIMPERNELLE, BABYBLATT-SPINAT, MANGOLD, BASILIKUM, KAPUZINERKRESSE, KAMILLE, PORTULAK, SELLERIEBLÄTTER, BORRETSCH, DILL)

**1** Für das Dressing die Papaya schälen und entkernen. In eine Schüssel geben und zusammen mit dem Essig, Limettensaft, Senf und Joghurt mit dem Stabmixer pürieren. Das Öl in dünnem Strahl langsam einfließen lassen und untermixen. Mit Meersalz, frischem Ingwer, Rohrzucker und Paprikapulver abschmecken.

**2** Das Öl in einer Pfanne erhitzen und die Käsekrainer darin etwa 6–8 Minuten rundum knusprig backen.

**3** Inzwischen die Wildkräuter waschen und in der Salatschleuder trocknen. Kurz vor dem Servieren den Salat mit dem Dressing marinieren. Die Würste mit dem Wildkräutersalat zusammen anrichten.

# SPANISCHER GEMÜSE-BOHNEN-EINTOPF
## MIT CHORIZO

**ZUTATEN: FÜR 4 PERSONEN**
1 ZWIEBEL ✚ 1 KAROTTE ✚ 1 STANGE STAUDENSELLERIE ✚ 1 KNOBLAUCHZEHE ✚ 1 ROTE CHILISCHOTE ✚ 1 LORBEERBLATT ✚ 500 G PASSIERTE TOMATEN ✚ 200 ML TROCKENER WEISSWEIN ✚ 20 ML OLIVENÖL ✚ 800 G GEKOCHTE WEISSE BOHNEN (Z. B. AUS DER DOSE) ✚ 200 G GEKOCHTE PINTO-BOHNEN (Z. B. AUS DER DOSE) ✚ JE 1 ROTE UND GRÜNE PAPRIKASCHOTE ✚ MEERSALZ ✚ JE 1 PRISE GERÄUCHERTES PAPRIKAPULVER, GEREBELTE LIEBSTÖCKELBLÄTTER UND GEREBELTER THYMIAN ✚ 8 CHORIZOS (REZEPT SIEHE SEITE 24) ✚ 1 EL ÖL

**1** Die Zwiebel schälen. Die Karotte putzen, schälen und waschen. Den Staudensellerie putzen und waschen; eventuell harte Fäden von der Außenseite abziehen. Alles in kleine Würfel schneiden. Den Knoblauch schälen und fein hacken. Die Chilischote entkernen, waschen und fein hacken.

**2** Das Gemüse mit dem Lorbeerblatt in einen Topf geben, mit 800 ml Wasser, den passierten Tomaten, dem Wein und dem Olivenöl aufgießen und zum Kochen bringen. Etwa 20 Minuten kochen, bis die Karotten weich sind.

**3** Die Bohnen getrennt in ein Sieb geben und unter fließendem Wasser spülen; abtropfen lassen. Die Hälfte der weißen Bohnen pürieren. Die Paprika halbieren, entkernen, waschen und in kleine Würfel schneiden. Bohnenpüree und Gemüse mit den restlichen Bohnen zur Suppe geben. Mit Meersalz und mit den Gewürzen abschmecken; am Herd heiß halten.

**4** Das Öl in einer Pfanne erhitzen und die Chorizos darin etwa 10 Minuten von beiden Seiten anbraten; in Scheiben schneiden.

**5** Die Suppe in tiefe Teller schöpfen, die Wurst zur Suppe geben und sofort servieren.

# PUTENBRATWURST
## MIT APRIKOSEN-FENCHEL-SALAT

**ZUTATEN: FÜR 4 PERSONEN**
4–8 PUTENBRATWÜRSTE (REZEPT SIEHE SEITE 32)
**FÜR DEN SALAT:** 2 FENCHELKNOLLEN + 6 REIFE APRIKOSEN + 1 SCHALOTTE + 2 STÄNGEL DILL + SAFT VON 1 ORANGE + 20 G GROBKÖRNIGER SENF + 30 ML OLIVENÖL + BRAUNER ZUCKER + FLEUR DE SEL + FRISCH GEM. WEISSER PFEFFER

1 Den Holzkohlengrill anheizen.

2 Den Fenchel waschen, das Fenchelgrün abschneiden und beiseitelegen. Die Knollen halbieren, vom Strunk befreien und mit einer Mandoline oder einem Gemüsehobel in feine Streifen hobeln. Das Fenchelgrün grob hacken.

3 Die Aprikosen waschen, entsteinen und in schmale Spalten schneiden. Die Schalotte schälen und der Länge nach in schmale Streifen schneiden. Den Dill waschen, trocken schütteln, abzupfen und grob hacken.

4 In einer Schüssel den Orangensaft mit dem Senf mischen und langsam das Öl einrühren. Die Fenchel- und Schalottenstreifen dazugeben und alles kräftig vermischen. Mit dem Zucker und den Gewürzen abschmecken. Die Aprikosenspalten zusammen mit dem gehackten Dill und dem Fenchelgrün vorsichtig unterheben. Den Salat 20 Minuten ziehen lassen.

5 Sobald sich eine graue Ascheschicht auf den Kohlen gebildet hat, die Putenwürste etwa 8–10 Minuten auf dem Rost grillen, dabei regelmäßig wenden. Die gegarten Würste zusammen mit dem Salat servieren. Dazu passt grober Weißweinsenf.

# CHILIKRAINER
## MIT BÄRLAUCH-KARTOFFELKNÖDELN

**ZUTATEN: FÜR 4 PERSONEN**
4–8 CHILIKRAINER (NACH REZEPT AUF SEITE 29)
**FÜR DIE KNÖDEL:** 1 KG MEHLIGKOCHENDE KARTOFFELN + 150 G FRISCHER BÄRLAUCH + 100 G MEHL + 50 G GRIESS + JE 1 PRISE SALZ, FRISCH GEM. WEISSER PFEFFER UND GERIEBENE MUSKATNUSS + 2 EIER + 80–100 G GESALZENE BUTTER + 100 G GERIEBENER BERGKÄSE

**1** Den Holzkohlengrill anheizen.

**2** Die Kartoffeln mit der Schale weich kochen, pellen und noch heiß durch eine Kartoffelpresse drücken oder mit einem Kartoffelstampfer zermusen. Die Masse locker auf einem Backblech verteilen und ausdampfen lassen.

**3** Den Bärlauch waschen, trocken schütteln und in Streifen schneiden. Das Mehl, den Grieß und die Gewürze über die erkalteten Kartoffeln streuen. Eier und Bärlauch dazugeben und das Ganze zu einem glatten Teig kneten. Nicht zu kräftig kneten, damit der Teig nicht zu weich wird. Die Masse in 12 Portionen teilen und daraus Knödel formen.

**4** In einem großen Topf ausreichend Salzwasser zum Kochen bringen, die Knödel hineingeben und etwa 20 Minuten leicht simmernd ziehen lassen.

**5** In der Zwischenzeit die Würste von beiden Seiten etwa 10 Minuten auf dem Rost grillen.

**6** Die Butter schmelzen. Die Knödel aus dem Wasser heben, gut abtropfen. Zusammen mit den gegrillten Chilikrainern auf Tellern anrichten. Die Knödel mit der geschmolzenen Butter beträufeln und mit dem Bergkäse bestreuen. Dazu Bockbiersenf (Rezept siehe Seite 116) servieren.

### So geht`s auch

Je nach Saison können Sie anstelle von Bärlauch auch Babyblattspinat, Rauke, Brunnenkresse oder Löwenzahn verwenden.

# POLENTAGRATIN
## MIT SALSICCIA

**ZUTATEN: FÜR 4 PERSONEN**
100 G INSTANT-MAISGRIESS ✚ 500 ML HEISSE GEMÜSEBRÜHE ✚ OLIVENÖL ✚ 800 G GESCHÄLTE TOMATEN AUS DER DOSE ✚ 15 BASILIKUMBLÄTTER ✚ MEERSALZ ✚ FRISCH GEM. SCHWARZER PFEFFER ✚ 250 G BABYBLATTSPINAT ✚ 1 KNOBLAUCHZEHE ✚ 1 TL BUTTER ✚ 1 PRISE GERIEBENE MUSKATNUSS ✚ 800 G SALSICCIABRÄT (NACH REZEPT AUF SEITE 23) ✚ 200 G GERIEBENER MOZZARELLA (ZUM REIBEN VORHER EINFRIEREN) ✚ 50 G GERIEBENER PARMESAN ✚ EVTL. FETT FÜR DIE FORM

**1** In einem Topf den Maisgrieß in die heiße Gemüsebrühe einrühren und etwa 5 Minuten unter ständigem Rühren kochen lassen. Eine kleine Kastenform fetten oder eine kleine Silikon-Kastenkuchenform verwenden. Die Polenta in die Form füllen und glatt streichen. Abkühlen lassen.

**2** Die Polenta aus der Form stürzen, in etwa 1 cm dicke Scheiben schneiden. Das Olivenöl in einer Pfanne erhitzen und die Polentascheiben darin goldgelb anbraten; beiseitestellen.

**3** Die geschälten Tomaten mit dem Basilikum im Standmixer pürieren und mit Meersalz und Pfeffer abschmecken.

**4** Den Spinat gründlich waschen und gut abtropfen lassen. Den Knoblauch schälen und fein hacken. Die Butter in der Pfanne schmelzen, den gehackten Knoblauch dazugeben und den Spinat kurz anschwitzen. Mit Meersalz, Pfeffer und Muskat abschmecken.

**5** Die Salsicciawurstmasse zu einem länglichen Block formen, in etwa 1 cm dicke Scheiben schneiden. In einer Grillpfanne in heißem Öl kurz von beiden Seiten anbraten.

**6** Den Backofen auf 170 °C vorheizen. Die Hälfte der Tomatensauce in eine Auflaufform geben. Immer abwechselnd Polentascheiben, Spinat und Salsicciascheiben in die Form schlichten. Mit der restlichen Tomatensauce begießen, die beiden Käse darauf verteilen und im vorgeheizten Ofen etwa 25 Minuten überbacken.

# VEGANE JACKFRUCHT-BRATWURST-TACOS

**vegan**

**ZUTATEN: FÜR 4 PERSONEN**
16 VEGANE BRATWÜRSTE (REZEPT SIEHE SEITE 38) ✚ ÖL ZUM BRATEN ✚ 8 WEIZENTORTILLAS (16 CM)
**FÜR DIE TACO-FÜLLUNG:** 300 G ABGETR. JACKFRUCHT (JACKFRUIT) AUS DER DOSE (ASIALADEN) ✚
1 ZWIEBEL ✚ 1 ROTE PAPRIKASCHOTE ✚ 2–3 GRÜNE CHILISCHOTEN ✚ 1 TL KOKOSFETT ✚
SAFT VON 1 LIMETTE ✚ 1 TL PALMZUCKER ✚ MEERSALZ ✚ JE 1 PRISE GEM. SCHWARZER PFEFFER, KORIANDER
UND KREUZKÜMMEL ✚ ½ AVOCADO

**1** Für die Füllung die Jackfruchtstücke in Streifen zupfen. Die Zwiebel schälen und in Streifen schneiden. Die Paprikaschote halbieren, entkernen, waschen und in Stücke schneiden. Die Chilischoten waschen, entkernen und in Ringe schneiden.

**2** Das Kokosfett in einer Pfanne zerlassen, Zwiebel, Paprika und Jackfrucht darin anbraten. Die Chilischoten dazugeben. Kurz schmoren lassen, bis die Zwiebel weich ist. Den Limettensaft und den Palmzucker hinzufügen, mit Meersalz und den Gewürzen abschmecken; warm stellen.

**3** Die Avocado mit einem Löffel aus der Schale kratzen, mit etwas Meersalz würzen und mit einer Gabel zu einem Mus rühren.

**4** Das Öl in einer Pfanne erhitzen und die veganen Bratwürste darin etwa 6–8 Minuten knusprig backen. Eine weitere Pfanne heiß werden lassen und die Weizentortillas darin kurz rösten, sodass sie noch weich sind.

**5** Die Tortillas mit dem Avocadomus bestreichen und die warme Jackfrucht-Füllung darauf verteilen. Je 2 vegane Würstchen dazugeben, die Tortillas zusammenklappen und sofort servieren.

## Happy-Wurst-Tipp

Dazu passt ein cremiger veganer Cashew-Dip. 120 g Cashewkerne 2 Stunden in kaltem Wasser einweichen, abgießen. Cashewkerne mit 100 ml Wasser, Saft einer ½ Zitrone und 20 g Sesampaste in einem Mixer pürieren, bis eine glatte Sauce entstanden ist. Mit Meersalz und weißem Pfeffer abschmecken.

# WILDSCHWEINKRAUTWICKEL
## MIT SÜSSKARTOFFELPÜREE

**ZUTATEN: FÜR 4 PERSONEN**
8 GROSSE WIRSINGBLÄTTER ✚ SALZ ✚ CA. 1.440 G WILDSCHWEINWURSTBRÄT (NACH REZEPT AUF SEITE 25; CA. 180 G PRO WICKEL) ✚ 1 GEMÜSEZWIEBEL ✚ 1 TL BUTTERSCHMALZ ✚ 100 G GEWÜRFELTER SPECK ✚ 100 ML ROTWEIN ✚ 500 ML BRATENFOND ✚ 1 TL HONIG ✚ JE 1 PRISE GEM. LORBEERBLÄTTER, GETR. STEINPILZE UND WACHOLDERBEEREN ✚ JE 1 PRISE GEM. SCHWARZER PFEFFER, GEREBELTER MAJORAN UND EDELSÜSSES PAPRIKAPULVER ✚ 30 G KALTE BUTTER
**FÜR DAS PÜREE:** 800 G SÜSSKARTOFFELN ✚ SALZ ✚ 200 ML KOKOSMILCH ✚ JE 1 PRISE FLEUR DE SEL, GEM. WEISSER PFEFFER, GERIEBENE MUSKATNUSS UND INGWER

**1** Die Wirsingblätter waschen, abtrocknen und den dicken Strunk entfernen. Die Blätter in einem großen Topf mit Salzwasser 2 Minuten kochen, dabei mit einer Schaumkelle unters Wasser drücken. In eiskaltem Wasser abschrecken und auf einem Küchentuch flach ausgebreitet abtropfen lassen.

**2** Die Wirsingblätter mit dem Wildschweinbrät füllen, von den Seiten einschlagen, aufrollen und mit einem Zahnstocher fixieren.

**3** Den Backofen auf 180 °C vorheizen. Die Zwiebel schälen und fein würfeln. Das Butterschmalz in einem Bräter schmelzen, die Zwiebel darin goldbraun anbraten und den Speck dazugeben. Zwiebel und Speck an den Rand schieben, die Krautwickel hineingeben und von allen Seiten anbraten. Mit dem Rotwein ablöschen und den Bratenfond dazugeben. Mit Honig, Salz und den Gewürzen abschmecken und im vorgeheizten Ofen etwa 1 Stunde schmoren, bis der Wirsing weich ist.

**4** In der Zwischenzeit für das Püree die Süßkartoffeln schälen, in Würfel schneiden und in einem Sieb waschen. In einem Topf ausreichend Salzwasser zum Kochen bringen und die Süßkartoffelwürfel darin etwa 10–12 Minuten gar kochen; abgießen.

**5** Die Würfel zusammen mit der Kokosmilch in einem Topf einmal aufkochen lassen. Vom Herd nehmen und pürieren. Mit Fleur de Sel, Pfeffer, Muskat und Ingwer abschmecken.

**6** Die Krautwickel aus dem Bräter nehmen und im ausgeschalteten Ofen warm stellen. Die Sauce aus dem Bräter durch ein Sieb in einen kleinen Topf passieren. Die kalte Butter mit dem Schneebesen unter die Sauce schlagen und die Sauce abschmecken.

# MINI-KÄSEKRAINER
## IN KLARER RINDERBRÜHE

**ZUTATEN: FÜR 4 PERSONEN**
250 G KALBSMARKKNOCHEN + 500 G OCHSENBRUST + 1 GROSSE ZWIEBEL + 1 BUND SUPPENGEMÜSE + 1 STRAUCHTOMATE + JE 1 PRISE SALZ, GEM. WEISSER PFEFFER, GEREBELTE LIEBSTÖCKELBLÄTTER UND GERIEBENE MUSKATNUSS + 40 MINI-KÄSEKRAINER (REZEPT SIEHE SEITE 32, VARIANTE; ZU MINI-WÜRSTCHEN VON ETWA 4 CM LÄNGE ABGEDREHT)

**1** Knochen und Suppenfleisch in einem großen Topf in ca. 4 Liter kaltem Wasser ansetzen und langsam zum Kochen bringen. Den Schaum gelegentlich abschöpfen.

**2** Die Zwiebel schälen und halbieren. Eine beschichtete Pfanne erhitzen, die Zwiebelhälften mit den Schnittflächen nach unten hineinlegen und ohne Fett bei mittlerer Hitze rösten, bis die Schnittflächen braun sind. Das Suppengemüse und die Tomate waschen, putzen und in grobe Stücke schneiden. Sobald die Brühe kocht, das Gemüse zugeben und etwa 2 ½ Stunden bei kleiner Hitze köcheln lassen.

**3** Die Brühe durch ein Haarsieb abseihen und mit Salz und den Gewürzen abschmecken. Heiß halten und währenddessen die Würstchen in einer Pfanne von beiden Seiten 6–8 Minuten bei kleiner Flamme ohne Farbe braten. Die Suppe in tiefe Teller füllen und mit den Mini-Käsekrainern als Einlage sofort servieren.

# KALBSBRATWURST
## MIT PAPAYA-GLASNUDELSALAT

**ZUTATEN: FÜR 4 PERSONEN**
4–8 GROBE BRATWÜRSTE MIT INGWER UND ZITRONENGRAS (REZEPT SIEHE SEITE 20)
**FÜR DEN SALAT:** 300 G GLASNUDELN ✚ 350 G PAPAYA ✚ SAFT VON 1–2 LIMETTEN ✚ 1 TL SESAMÖL ✚ JE 1 PRISE MEERSALZ, GESCHROTETE CHILI, GEM. KORIANDER UND EDELSÜSSES PAPRIKAPULVER ✚ 3 LAUCHZWIEBELN ✚ 1 ROTE PAPRIKASCHOTE ✚ 3 STÄNGEL KORIANDER ✚ 30 G EINGELEGTER SUSHI-INGWER ✚ 100 G SOJABOHNENSPROSSEN

**1** Den Holzkohlengrill anheizen.

**2** Die Glasnudeln mit heißem Wasser übergießen und 2 Minuten ziehen lassen; abgießen.

**3** Die Papaya entkernen, vierteln, schälen und in dünne Scheiben schneiden. ¼ der Papaya mit dem Limettensaft und dem Sesamöl zu einem Dressing pürieren und mit Salz und den Gewürzen abschmecken.

**4** Die Lauchzwiebeln putzen, waschen und in Ringe schneiden. Die Paprikaschote halbieren, von Stielansatz und Kernen befreien, waschen und in feine Streifen schneiden. Den Koriander waschen, trocken schütteln und die Blätter abzupfen. Den Ingwer klein schneiden. Alles einschließlich der Sojabohnensprossen zu einem Salat vermengen, mit dem Dressing marinieren und kurz ziehen lassen. Eventuell noch einmal abschmecken.

**5** Inzwischen die Bratwürste von beiden Seiten etwa 8–10 Minuten auf dem Rost grillen. Den Papaya-Glasnudelsalat mit den gegrillten Würsten servieren.

# LACHSBRATWURST
## VON DER KIRSCHHOLZPLANKE MIT ANNA-KARTOFFELN

**ZUTATEN: FÜR 4 PERSONEN**
8 LACHSBRATWÜRSTE (REZEPT SIEHE SEITE 33)
**FÜR DIE ANNA-KARTOFFELN:** 750 G FESTKOCHENDE KARTOFFELN + MEERSALZ + GEM. WEISSER PFEFFER + 1 PRISE GERIEBENE MUSKATNUSS + 1 KNOBLAUCHZEHE + 80 G ZERLASSENE BUTTER
**FÜR DEN DIP:** 150 G MITTELSCHARFER SENF + 100 G INGWERMARMELADE + 50 G ORANGENMARMELADE + 200 ML SONNENBLUMENÖL + JE 1 PRISE SALZ, GEM. WEISSER PFEFFER, GEM. KURKUMA UND EDELSÜSSES PAPRIKAPULVER
**SOWIE:** 1 GRILL- BZW. RÄUCHERBRETT (KIRSCHHOLZ)

**1** Das Grillbrett etwa 2 Stunden in Wasser einweichen. Dabei das Brett etwas beschweren, damit es vollständig unter Wasser ist. Den (Kugel-)Grill anheizen, dabei die Holzkohle am Rand aufschichten, der mittlere Bereich soll frei bleiben (indirektes Grillen).

**2** Für die Beilage die Kartoffeln schälen, waschen und mit der Mandoline oder dem Gemüsehobel in feine Scheiben hobeln. Die Scheiben mit den Gewürzen in eine Schüssel geben und gut durchmischen.

**3** Den Backofen auf 180 °C vorheizen. Die Knoblauchzehe halbieren. 8 kleine Backformen (Durchmesser 12 cm) mit den Knoblauchhälften einreiben und mit einem Teil der zerlassenen Butter einpinseln. Die Kartoffelscheiben in die Formen schichten und mit der restlichen Butter übergießen; im vorgeheizten Ofen etwa 1 Stunde backen.

**4** Inzwischen für den Dip den Senf mit der Ingwer- und Orangenmarmelade vermischen und mit dem Pürierstab das Öl in dünnem Strahl einmixen. Mit Salz, Pfeffer und den übrigen Gewürzen abschmecken.

**5** Sobald sich eine graue Ascheschicht auf den Kohlen gebildet hat, die Lachsbratwürste auf dem gewässerten Grillbrett in der Mitte des Rosts mit geschlossenem Deckel etwa 8–10 Minuten garen. Die Anna-Kartoffeln nach Belieben aus den Formen stürzen oder in den Formen belassen und zusammen mit den Würsten und dem Dip servieren.

# CHORIZO-SPARGEL-PIZZA

**ZUTATEN: FÜR 2 PERSONEN**
150 G GRÜNER SPARGEL ✚ 200 G SCAMORZA ✚ 1 ROTE PAPRIKASCHOTE ✚ 8 BASILIKUMBLÄTTER ✚ 200 G PIZZATOMATEN AUS DER DOSE ✚ MEERSALZ ✚ FRISCH GEM. WEISSER PFEFFER ✚ GEREBELTER OREGANO ✚ 4 CHORIZOS (REZEPT SIEHE SEITE 24) ✚ 1 EL ÖL ✚ 400 G PIZZATEIG AUS DEM KÜHLREGAL

**1** Vom Spargel die unteren Enden abschneiden, den Spargel in etwa 5 cm lange Stücke schneiden. Sollte der Spargel sehr dick sein, eventuell kurz in Salzwasser blanchieren.

**2** Den Scamorza in dünne Scheiben schneiden. Die Paprikaschote halbieren, entkernen, waschen und in Würfel schneiden. Die Basilikumblätter waschen, trocken tupfen und fein hacken, in die Tomatensauce rühren. Die Sauce mit Meersalz und den Gewürzen abschmecken.

**3** In einer Pfanne das Öl erhitzen und die Würste von beiden Seiten 8–10 Minuten braten; in grobe Scheiben schneiden.

**4** Den Backofen auf 230 °C vorheizen. Den Pizzateig halbieren, jeweils zu einer Kugel kneten und mit dem Nudelholz etwa 3 mm dick zu einem Rund von 28–30 cm ausrollen. Ein Backblech mit Backpapier auslegen und den ersten Pizzaboden darauflegen. Mit der Hälfte der gewürzten Tomatensauce bestreichen und mit der Hälfte der Zutaten belegen. Im vorgeheizten Ofen etwa 8–10 Minuten knusprig backen. Mit dem zweiten Boden ebenso verfahren.

## So geht's auch

Die Pizza wird besonders knusprig, wenn sie auf einer Schamottsteinplatte gebacken wird. Diese gibt man auf den Rost in den kalten Ofen und lässt sie beim Vorheizen mit heiß werden. Die Pizza wird dann mit einer großen flachen Schaufel direkt auf den Stein gelegt und gebacken.

# ORIENTALISCHE NUDELPFANNE
## MIT MERGUEZ

**ZUTATEN: FÜR 4 PERSONEN**
1 ZWIEBEL ✚ 1 KNOBLAUCHZEHE ✚ 300 G GEKOCHTE KICHERERBSEN (Z. B. AUS DER DOSE) ✚ 100 G GETROCKNETE TOMATEN IN ÖL ✚ 100 G GETROCKNETE APRIKOSEN ✚ 1–2 EL OLIVENÖL ✚ 400 G GEHACKTE TOMATEN AUS DER DOSE ✚ SALZ ✚ 500 G KLEINE MUSCHELNUDELN ✚ NACH GESCHMACK JALAPEÑOS AUS DEM GLAS ✚ 1 EL BLÜTENHONIG ✚ JE 1 PRISE MEERSALZ, GESCHROTETER BUNTER PFEFFER, CHILIFÄDEN, GEM. KURKUMA, GEREBELTER OREGANO, GERÄUCHERTES PAPRIKAPULVER UND GETROCKNETER THYMIAN ✚ 8 MERGUEZ (REZEPT SIEHE SEITE 26)

**1** Die Zwiebel schälen und fein würfeln. Den Knoblauch schälen und pressen. Die Kichererbsen in ein Sieb geben und unter fließendem Wasser spülen; abtropfen lassen. Die getrockneten Tomaten in einem Sieb abtropfen lassen. Tomaten und Aprikosen in kleine Stücke schneiden.

**2** Das Olivenöl in einer Pfanne erhitzen und die Zwiebel darin goldgelb anschwitzen. Den Knoblauch dazugeben und kurz mitbraten. Die gehackten Tomaten dazugeben und 20 Minuten köcheln lassen.

**3** In einem großen Topf ausreichend Salzwasser zum Kochen bringen und die Nudeln nach Packungsanweisung al dente kochen. Abgießen und warm stellen.

**4** Die Kichererbsen, Aprikosen, getrockneten Tomaten und Jalapeños in die Pfanne geben und weiter köcheln lassen, sodass sich die Zutaten erwärmen. Mit dem Honig und den Gewürzen abschmecken.

**5** Eine Grillpfanne auf dem Herd erhitzen und die Würste ohne Fett einlegen, die Temperatur etwas reduzieren und die Würste rundherum 6–8 Minuten braten. Herausnehmen und in Scheiben schneiden. Mit den Nudeln in die Pfanne geben und alles gut vermischen. Sofort servieren.

*Happy-Wurst-Tipp*

Wer möchte, kann die Nudeln mit frisch gehackter Petersilie bestreuen und mit Chilifäden dekorieren.

# GEBRATENE MIE-NUDELN
## MIT GEFLÜGELWURST UND GEMÜSE

**ZUTATEN: FÜR 4 PERSONEN**
250 G MIE-NUDELN + 1 PRISE SALZ + 1 ZWIEBEL + 1 CHILISCHOTE + 2 KAROTTEN + 1 ROTE PAPRIKASCHOTE + 50 G ZUCKERSCHOTEN + 50 G SHIITAKE + 1 KLEINES STÜCK INGWER + 200 G BABY-MAIS-KOLBEN + 4 EL ERDNUSSÖL + 8–12 GEFLÜGELWÜRSTE (REZEPT SIEHE SEITE 30) + 100 G GEWASCHENE UND ABGETR. SOJASPROSSEN + 100 ML JAPANISCHE SOBA-SAUCE (ASIALADEN) + ÖL ZUM BRATEN DER WÜRSTE

**1** Die Mie-Nudeln mit kochendem Wasser übergießen, Salz dazugeben und 5 Minuten quellen lassen; abgießen.

**2** Die Zwiebel schälen und in Streifen schneiden. Das Gemüse putzen. Die Chilischote entkernen, waschen und in feine Ringe schneiden. Die Karotten schälen, waschen und in etwa 5 cm lange Streifen schneiden. Die Paprikaschote halbieren, entkernen, waschen und in dünne Streifen schneiden. Die Zuckerschoten waschen. Von den Shiitake die harten Stiele entfernen und in Scheiben schneiden. Den Ingwer schälen und in feine Scheiben schneiden oder hobeln. Die Baby-Maiskolben putzen und waschen.

**3** Das Erdnussöl in einem Wok heiß werden lassen, das Gemüse – bis auf den Ingwer – mit den Baby-Maiskolben darin unter Rühren scharf anbraten.

**4** Den Backofengrill anheizen. Den Grillrost mit Öl bestreichen. Die Geflügelwürstchen mit Öl einpinseln und rundum etwa 8–10 Minuten grillen (bei ca. 10 cm Abstand zu den Grillschlangen und mit einem Backblech unter dem Rost). Alternativ die Würste in einer Grillpfanne zubereiten.

**5** Die Nudeln nach 5 Minuten zum Gemüse geben und mit anbraten. Den Ingwer hinzufügen und die Sojabohnensprossen unterheben. Zum Schluss mit der Soba-Sauce würzen und alles gut vermischen. Mit den knusprig gegrillten Würsten servieren und nach Belieben mit rotem Basilikum bestreuen.

## So geht`s auch

Besonders gut schmeckt das Gericht, wenn man die Geflügelwurst aus Entenfleisch macht. Und für einen ganz echten Grillgeschmack können Sie den Holzkohlengrill anwerfen und die Würste darauf zubereiten.

# WILDKRÄUTER-KARTOFFEL-SUPPE
## MIT SALSICCIA

**ZUTATEN: FÜR 4 PERSONEN**
700 G MEHLIGKOCHENDE KARTOFFELN ✛ 1 KAROTTE ✛ 1 STANGE STAUDENSELLERIE ✛ 2 ZWIEBELN ✛ 1 KLEINE KNOBLAUCHZEHE ✛ 150 ML FEINHERBER WEISSWEIN ✛ 400 G SALSICCIABRÄT (NACH REZEPT AUF SEITE 23) ✛ 250 G SAHNE ✛ SALZ ✛ JE 1 PRISE GEM. WEISSER PFEFFER, GERIEBENE MUSKATNUSS, GEREBELTE LIEBSTÖCKELBLÄTTER UND GEREBELTER MAJORAN ✛ 1 HANDVOLL FRISCHE WILDKRÄUTER DER SAISON, Z. B. SCHAFGARBE, PIMPINELLE, WILDER KORIANDER, BRUNNENKRESSE, LÖWENZAHN, BRENNNESSEL, KAPUZINERKRESSE, SAUERAMPFER UND RAUKE

**1** Die Kartoffeln und die Karotte schälen und waschen. Den Staudensellerie putzen und waschen; eventuell harte Fäden von der Außenseite abziehen. Die Zwiebeln schälen. Alles grob würfeln. Den Knoblauch schälen und fein würfeln.

**2** In einem großen Topf den Wein zusammen mit 1 Liter Wasser zum Kochen bringen, das Gemüse hineingeben und bei mittlerer Hitze etwa 20 Minuten kochen, bis die Kartoffeln gar sind.

**3** Währenddessen das Brät in 20 gleich große Stücke teilen und mit angefeuchteten Händen zu kleinen Klößchen abdrehen.

**4** Sobald die Kartoffeln gar sind, die Sahne zugeben, die Suppe aufkochen lassen und mit dem Stabmixer nicht zu fein pürieren. Mit Salz und den Gewürzen abschmecken. Die Klößchen zur Suppe geben und bei leichtem Simmern etwas 8–10 Minuten gar ziehen lassen.

**5** Die Kräuter waschen und in einer Salatschleuder gut trocknen, etwas zerrupfen und direkt vor dem Servieren die Suppe damit dekorieren.

# SHRIMPS-JAKOBSMUSCHEL-BRATWÜRSTE
## MIT SALSA, SCHWARZEM BOHNENMUS UND TORTILLA-CHIPS

**ZUTATEN: FÜR 4 PERSONEN**
12 BRATWÜRSTE MIT JAKOBSMUSCHELN UND SHRIMPS (REZEPT SIEHE SEITE 34)
400 G SCHWARZES BOHNENMUS AUS DER DOSE (REFRIED BLACK BEANS) ✚ 1 TL BUTTER ✚ SALZ ✚
GEM. SCHWARZER PFEFFER ✚ 100 G GESALZENE TORTILLA-CHIPS
**FÜR DIE SALSA:** 1 ZWIEBEL ✚ 1 TOMATE ✚ JE EINE ½ ROTE UND GRÜNE PAPRIKASCHOTE ✚ 30 G GEWÜRFELTE
JALAPEÑOS ✚ 200 G PASSIERTE TOMATEN ✚ SAFT VON 1 LIMETTE ✚ 1 PRISE SALZ ✚ JE 1 PRISE GEM.
SCHWARZER PFEFFER, KORIANDER UND KREUZKÜMMEL

**1** Den Holzofengrill anheizen.

**2** Für die Salsa die Zwiebel schälen. Die Tomate waschen, von Strunk und Kernen befreien. Die Paprikahälften waschen und entkernen. Alles in feine Würfel schneiden und zusammen mit den Jalapeños in eine Schüssel geben.

**3** Die passierten Tomaten und den Limettensaft dazugeben und mit Salz und den Gewürzen abschmecken.

**4** Sobald sich eine graue Ascheschicht auf den Kohlen gebildet hat, die Würste etwa 10–12 Minuten auf dem Rost grillen, dabei regelmäßig wenden.

**5** Das Bohnenmus im Wasserbad erhitzen und die Butter einrühren. Mit Salz und Pfeffer abschmecken. Die Tortilla-Chips im Backofen warm machen. Die Shrimps-Jakobsmuschel-Bratwürste mit der Salsa auf Tellern anrichten, die Tortilla-Chips dazu servieren.

## So geht`s auch

Da diese Würste das ganze Jahr über eine Gaumenfreude sind, kann man sie an Regentagen natürlich auch prima mit ein bisschen Olivenöl in der Pfanne von beiden Seiten goldgelb anbraten.

# SPANISCHE CHORIZO-KARTOFFEL-TORTILLA
## MIT KNOBLAUCH-DIP

**ZUTATEN: FÜR 4 PERSONEN**
500 G KLEINE FESTKOCHENDE KARTOFFELN ✛ 1 ZWIEBEL ✛ 2 KNOBLAUCHZEHEN ✛ ½ BUND PETERSILIE ✛ 6–8 CHORIZOS (REZEPT SIEHE SEITE 24) ✛ 1 EL OLIVENÖL ✛ MEERSALZ ✛ 1 PRISE FRISCH GEM. SCHWARZER PFEFFER ✛ 4 EIER ✛ 100 G SAHNE
**FÜR DEN KNOBLAUCH-DIP:** 10 KNOBLAUCHZEHEN ✛ SAFT EINER ½ ZITRONE ✛ 30 G MITTELSCHARFER SENF ✛ 30 G SEMMELBRÖSEL ✛ 250 ML OLIVENÖL ✛ JE 1 PRISE MEERSALZ, EDELSÜSSES PAPRIKAPULVER, FRISCH GEM. WEISSER PFEFFER

**1** Die Kartoffeln gründlich waschen, mit der Schale gar kochen; pellen und auskühlen lassen. In dünne Scheiben schneiden.

**2** Zwiebel und Knoblauch schälen und fein würfeln. Die Petersilie waschen, trocken schütteln, die Blätter abzupfen und fein hacken.

**3** Den Backofen auf 200 °C vorheizen. Die Chorizos in 1 cm dicke Scheiben schneiden und in einer beschichteten Pfanne mit Metallgriff im Olivenöl anbraten. Zwiebel und Knoblauch hinzufügen und glasig anschwitzen. Die Kartoffeln dazugeben und mit anbraten. Mit Salz und Pfeffer würzen, die Petersilie untermischen. Die Masse etwas flach drücken. Die Eier mit der Sahne verquirlen, etwas salzen und über den Kartoffeln verteilen.

**4** Die Tortilla im vorgeheizten Ofen etwa 15 Minuten garen, bis die Eiermasse gestockt ist. Aus dem Ofen nehmen und 5 Minuten abkühlen lassen, dann auf einen Teller stürzen.

**5** Für den Dip die Knoblauchzehen schälen und klein schneiden, mit dem Zitronensaft und dem Senf in ein hohes Gefäß geben und mit dem Pürierstab mixen. Die Semmelbrösel einrühren und in einem dünnen Strahl das Olivenöl hinzugeben und untermixen. Den Dip mit den Gewürzen abschmecken.

## So geht`s auch

Die Kartoffeln können auch bereits am Vortag zubereitet werden. Das spart Zeit.

# ROULADEN
## MIT KALBSBRATWURSTFÜLLUNG UND CREMIGEM WEIZENRISOTTO

**ZUTATEN: FÜR 4 PERSONEN**
**FÜR DIE ROULADE:** 500 G RINDERFILET (MITTELSTÜCK) + 40 G ESTRAGONSENF + SALZ + GESCHROTETER SCHWARZER PFEFFER + 500 G KALBSBRATWURSTMASSE (NACH REZEPT AUF SEITE 21) + ÖL ZUM BRATEN
**FÜR DAS RISOTTO:** 1 ZWIEBEL + 1 KAROTTE + 1 EL OLIVENÖL + 120 G WEIZENKÖRNER + 200 ML GEMÜSEBRÜHE + 100 G SAHNE + SALZ, FRISCH GEM. WEISSER PFEFFER, GERIEBENE MUSKATNUSS, GEREBELTER THYMIAN + 50 G GERIEBENER ODER GEHOBELTER PARMESAN

**1** Das Rinderfilet in 4 gleich große Scheiben schneiden und dünn ausklopfen. Auf einer Seite mit dem Senf bestreichen, mit Salz und Pfeffer würzen. Die Bratwurstmasse gleichmäßig darauf verteilen, die Rouladen einrollen und mit einem Zahnstocher fixieren.

**2** Den Backofen auf 140 °C vorheizen. Das Öl in einer Pfanne erhitzen und die Rouladen darin rundum scharf anbraten. Die Rouladen in einen Bräter bzw. eine feuerfeste Form geben, Deckel auflegen und im vorgeheizten Ofen etwa 1½ Stunden fertig garen.

**3** In der Zwischenzeit für das Risotto die Zwiebel schälen und fein würfeln. Die Karotte putzen, schälen, waschen und ebenfalls fein würfeln. Das Olivenöl in einem Topf erhitzen, Zwiebel und Karotte darin glasig anschwitzen. Den Weizen zugeben, mit der Brühe aufgießen, kurz aufkochen und bei kleiner Hitze etwa 60 Minuten gar ziehen lassen, bis der Weizen die gesamte Brühe aufgesogen hat.

**4** Die Sahne einrühren, das Risotto mit den Gewürzen abschmecken und noch einmal aufwallen lassen. Den Herd ausschalten und einen Teil des Parmesans unterheben. Das Weizenrisotto auf Tellern anrichten, mit dem restlichen Parmesan bestreuen und mit den Rouladen sofort servieren.

### So geht's auch
Wenn Sie vorgegarten Weizen bekommen, verkürzt sich die Kochzeit auf 12 Minuten.

# VEGANE BRATWURST
## MIT 7-JUWELEN-BULGUR-SALAT

**ZUTATEN: FÜR 4 PERSONEN**
16 VEGANE CHILI-KRAINER (REZEPT SIEHE SEITE 37) ✚ ÖL ZUM BRATEN
**FÜR DEN SALAT:** 150 G INSTANT-BULGUR ✚ 150 ML KOCHENDES WASSER ✚ MEERSALZ ✚
0,4 G SAFRANFÄDEN ✚ 2 TL HONIG ✚ 50 ML ARGANÖL ✚ SAFT VON 1 ZITRONE ✚ SAFT VON 2 ORANGEN ✚
JE 1 PRISE FRISCH GEM. WEISSER PFEFFER, GEREBELTER OREGANO, RAS EL-HANOUT UND ZIMTPULVER ✚
100 G GEKOCHTE KICHERERBSEN (Z. B. AUS DER DOSE) ✚ 20 G PISTAZIENKERNE ✚ 40 G GETROCKNETE
CRANBERRYS ✚ 2 STÄNGEL PETERSILIE ODER ZITRONENMELISSE ✚ 16–20 FRISCHE ROSENBLÜTENBLÄTTER

**1** Den Bulgur in eine Schüssel geben und mit dem kochendem Wasser übergießen. Das Meersalz und die Safranfäden dazugeben, gut durchrühren. 10 Minuten quellen lassen.

**2** In einer großen Schüssel aus Honig, Öl und den Zitrussäften ein Dressing rühren und mit Meersalz und den Gewürzen abschmecken.

**3** Die Kichererbsen in ein Sieb geben und unter fließendem Wasser spülen; abtropfen lassen. Den lauwarmen Bulgur, die Pistazienkerne, die Cranberrys und die Kichererbsen zum Dressing geben und alles gut vermischen. Nochmals abschmecken und ein wenig ziehen lassen.

**4** Die Petersilie bzw. die Zitronenmelisse waschen, trocken schütteln und die Blätter abzupfen. In einer Pfanne reichlich Öl erhitzen und die veganen Bratwürste darin etwa 5–6 Minuten braten, dabei öfter wenden. Die Würste mit dem Bulgursalat servieren. Den Salat mit der Petersilie bzw. der Zitronenmelisse und den Rosenblütenblättern garnieren.

## So geht's auch

Wenn Sie den Honig durch Agavendicksaft oder ein anderes Süßungsmittel ersetzen, ist das Gericht vegan.

# HIRSCHWURST
## MIT KÜRBISGNOCCHI UND KÄSESAUCE

**ZUTATEN: FÜR 4 PERSONEN**
4–8 HIRSCHWÜRSTE (REZEPT SIEHE SEITE 28) + 1 EL ÖL + LAUCHZWIEBELRINGE (NACH BELIEBEN)
**FÜR DIE KÄSESAUCE:** 1 ZWIEBEL + 1 KNOBLAUCHZEHE + JE ½ ROTE UND GRÜNE PAPRIKASCHOTE + 200 G BRIE + 1 TL BUTTER + 40 G MEHL + 600 ML KALTE MILCH + 200 G SCHMELZKÄSE + 100 G GER. PARMESAN + JE 1 PRISE SALZ, GEM. WEISSER PFEFFER, KURKUMA, GER. MUSKATNUSS, EDELSÜSSES PAPRIKAPULVER
**FÜR DIE GNOCCHI:** 600 G KÜRBIS + 600 G MEHLIGKOCHENDE KARTOFFELN + 150 G MEHL + 150 G GRIESS + JE 1 PRISE SALZ, GEM. WEISSER PFEFFER, GERIEBENE MUSKATNUSS UND ZIMTPULVER + 2 EIER + SALZ + 1 TL GESALZENE BUTTER

**1** Für die Sauce die Zwiebel und den Knoblauch schälen, in feine Würfel schneiden. Paprikaschoten entkernen und in ganz feine Würfel schneiden. Den Brie würfeln. Die Butter in einem hohen Topf schmelzen, Zwiebeln und Knoblauch darin glasig anschwitzen. Mit dem Mehl bestäuben und mit der Milch aufgießen. Kräftig mit dem Schneebesen rühren, bis die Sauce kocht. Nacheinander die drei Käsesorten unter ständigem Rühren dazugeben und schmelzen. Paprikawürfel, Salz und Gewürze hinzufügen und das Ganze noch einmal kurz aufkochen lassen.

**2** Für die Gnocchi den Backofen auf 180 °C vorheizen und ein Backblech mit Backpapier auslegen. Den Kürbis in 4–5 cm breite Spalten schneiden, entkernen, auf das Blech legen und im Ofen etwa 45 Minuten backen, bis er weich ist.

**3** In der Zwischenzeit die Kartoffeln mit der Schale weich kochen, pellen und noch heiß durch eine Kartoffelpresse drücken oder mit einem Kartoffelstampfer zermusen. Die Masse locker auf einem Backblech verteilen und ausdampfen lassen. Den Kürbis aus der Schale schaben und mit den Kartoffeln ausdampfen lassen.

**4** Mehl, Grieß und die Gewürze über die erkalteten Gemüse streuen, die Eier dazugeben und alles zu einem glatten Teig kneten. In einem großen Topf ausreichend Salzwasser zum Kochen bringen. Ein Probeknödelchen formen und im siedenden Wasser ziehen lassen. Bei Bedarf noch etwas Mehl in die Masse einkneten. Die Masse zu 1 cm dicken Rollen formen (geht fix mit einem Wurstfüller). 2 cm lange Stücke abschneiden.

**5** Die Würste in einer Pfanne im heißen Öl von beiden Seiten etwa 8–10 Minuten anbraten. Die Gnocchi im Salzwasser etwa 5 Minuten leicht simmernd ziehen lassen, bis sie an der Oberfläche schwimmen. Inzwischen die Käsesauce nochmals erhitzen. Die Gnocchi mit einem Schaumlöffel aus dem Wasser heben, abtropfen lassen. In einer Pfanne die Butter zerlassen und die Gnocchi darin schwenken. Die Gnocchi mit der Sauce und den Würsten sofort servieren. Nach Belieben mit Lauchzwiebelringen garnieren.

# STROH- UND HEU-PASTA
## MIT SALSICCIA-RAGOUT

**ZUTATEN: FÜR 4 PERSONEN**
1 ZWIEBEL ✚ 2 KNOBLAUCHZEHEN ✚ 3 ROTE SPITZPAPRIKA ✚ 1–2 PEPERONI ✚ 1 ZWEIG ROSMARIN ✚ 1 EL OLIVENÖL ✚ 500 G SALSICCIABRÄT (NACH REZEPT AUF SEITE 23) ✚ 30 G TOMATENMARK ✚ 2 TL ROHRZUCKER ✚ 100 ML WEISSWEIN ✚ 400 G PASSIERTE TOMATEN ✚ SALZ ✚ 500 G PAGLIA-E-FIENO-PASTA (WEISSE UND GRÜNE FEINE BANDNUDELN) ✚ 2–3 STÄNGEL PETERSILIE ✚ 1 TL BUTTER ✚ JE 1 PRISE MEERSALZ UND GEREBELTER OREGANO ✚ 120 G GEHOBELTER PARMESAN

**1** Die Zwiebel schälen und fein würfeln. Den Knoblauch schälen und fein hacken. Die Paprika halbieren, entkernen, waschen und in kleine Würfel schneiden. Die Peperoni vom Stiel befreien und in Ringe schneiden. Den Rosmarin waschen, trocken schütteln, die Blätter abzupfen und hacken.

**2** In einem breiten Topf das Olivenöl erhitzen und das Salsicciabrät darin etwa 6–8 Minuten anbraten, dabei mit 2 Löffeln zerrupfen, sodass kleine Stückchen entstehen. Das Fleisch aus dem Topf nehmen.

**3** In demselben Topf Zwiebel, Knoblauch und Paprika zusammen mit dem Rosmarin anschwitzen. Tomatenmark und Rohrzucker unterrühren und kurz mitrösten. Mit dem Weißwein ablöschen und mit den passierten Tomaten aufgießen. Das Fleisch und die Peperoni dazugeben, etwa 30 Minuten köcheln lassen, bis das Gemüse gar ist; gelegentlich umrühren.

**4** Währenddessen die Nudeln in reichlich Salzwasser nach Packungsanweisung al dente kochen. Die Petersilie waschen, trocken schütteln und die Blätter abzupfen, grob hacken. Die Nudeln abgießen und kurz in der Butter schwenken.

**5** Das Salsiccia-Ragout mit Meersalz und Oregano abschmecken. Die Nudeln in tiefe Teller füllen, das Ragout daraufgeben und mit der Petersilie und dem Parmesan bestreut servieren.

# KALBSNOCKERL
## IN SENFSAUCE MIT BLATTSPINAT

**ZUTATEN: FÜR 4 PERSONEN**
80 G CHAMPIGNONS ✛ 2 SCHALOTTEN ✛ 1 KLEINE KAROTTE ✛ 1 TL BUTTER ✛ 30 CL COGNAC ✛ 200 ML FEINHERBER WEISSWEIN ✛ 200 ML KALBSFOND ✛ 300 G CRÈME DOUBLE ✛ 50 G KÖRNIGER SENF ✛ 50 G ENGLISCHER SENF (BESONDERS SCHARFE SORTE) ✛ 3 STÄNGEL FRISCHER THYMIAN ✛ 1 SPRITZER WORCESTERSAUCE ✛ 1 TL HONIG ✛ JE 1 PRISE MEERSALZ, GEM. WEISSER PFEFFER UND GERIEBENE MUSKATNUSS ✛ 180 G KALBSBRATWURSTMASSE PRO PERSON (NACH REZEPT SEITE 21)
**FÜR DEN BLATTSPINAT:** 400 G BABYBLATTSPINAT ✛ 2 SCHALOTTEN ✛ 1 KNOBLAUCHZEHE ✛ 1 TL BUTTER ✛ JE 1 PRISE MEERSALZ UND FRISCH GEM. WEISSER PFEFFER

**1** Die Champignons putzen. Die Schalotten schälen, die Karotte putzen, schälen, waschen und alles in 5 mm große Würfel schneiden.

**2** Die Butter in einem flachen, weiten Topf schmelzen, das Gemüse darin ohne Farbe andünsten und mit dem Cognac ablöschen. Mit dem Wein und dem Kalbsfond aufgießen und etwa 10 Minuten köcheln lassen, bis das Gemüse weich und der Fond etwas reduziert ist.

**3** Crème double und Senf einrühren. Den Thymian waschen, trockenschütteln, Blätter abzupfen und grob hacken, mit der Worcestersauce, dem Honig und den Gewürzen abschmecken. Auf kleine Flamme zurückdrehen, sodass die Sauce ganz leicht simmert.

**4** Mithilfe von 2 Esslöffeln aus der Kalbswurstmasse Nockerl abstechen und in die Sauce legen. Etwa 10 Minuten ziehen lassen, bis das Fleisch gar ist.

**5** Inzwischen den Blattspinat zubereiten. Den Spinat waschen und in einer Salatschleuder gut trocknen. Die Schalotten und den Knoblauch schälen und in feine Würfel schneiden.

**6** Die Butter in einer Pfanne schmelzen, die Schalotten und den Knoblauch darin hell anschwitzen. Den Spinat dazugeben und die Pfanne mit einem Deckel schließen. Bei mittlerer Hitze köcheln lassen, bis der Spinat gar ist, dabei gelegentlich umrühren. Zum Schluss mit Salz und Pfeffer abschmecken. Die Kalbsnockerl mit dem Blattspinat zusammen anrichten und sofort servieren.

# BRATWURST-LAUCH-QUICHE

**ZUTATEN: FÜR 4 PERSONEN**
1 PACKUNG QUICHE- BZW. TARTETEIG AUS DEM KÜHLREGAL ✚ 1 EL MITTELSCHARFER SENF ✚ 150 G GERIEBENER EMMENTALER ✚ 2 STANGEN LAUCH ✚ 1 TL BUTTER ✚ SALZ ✚ FRISCH GEM. WEISSER PFEFFER ✚ 5 EIER ✚ 500 G SAHNE ✚ 1 PRISE GEREBELTER MAJORAN ✚ 8–10 COCKTAILTOMATEN ✚ 4 BRATWÜRSTE (NACH REZEPT SEITE 18) ✚ ÖL ZUM BRATEN

**1** Den Backofen auf 180 °C vorheizen und den Quicheteig nach Packungsanleitung vorbereiten. Den entrollten Teig auf dem Papier in eine Backform (Durchmesser 26 cm) legen, den Rand entlang der Form abschneiden. Mit Senf bestreichen, mit dem Käse bestreuen und 8 Minuten backen. Die Form herausnehmen und die Temperatur auf 170 °C reduzieren.

**2** Inzwischen den Lauch putzen, waschen, gut abtropfen lassen und in Ringe schneiden. Den Lauch mit der Butter in einer Pfanne anschwitzen. Mit Salz und Pfeffer würzen. Vom Herd nehmen.

**3** Die Eier mit der Sahne verquirlen und mit Salz, Pfeffer und Majoran abschmecken. Die Tomaten waschen und vierteln. In einer Pfanne ohne Fett auf den Schnittflächen bei starker Hitze etwa 3 Minuten anbraten; beiseitestellen.

**4** Die Bratwürste in der Pfanne in wenig Öl bei mittlerer Hitze von beiden Seiten hellbraun anbraten, auf Küchenpapier etwas abtropfen lassen und dann in Stücke schneiden.

**5** Den Lauch in der Form auf dem vorgebackenen Teig verteilen, mit den Bratwurststückchen und Tomaten belegen und die Eiersahne darübergießen. Vorsicht, dass nichts über den Teigrand läuft! Im Ofen etwa 35–45 Minuten backen, bis die Eiermasse vollständig gestockt ist.

## Happy-Wurst-Tipp

Diese Quiche eignet sich super, um übrig gebliebene gegrillte Bratwürste vom Vorabendfest zu verwerten.

# CHILIKRAINER IM HOLZBLATT
## MIT GEMÜSETACOS UND GUACAMOLE

**ZUTATEN: FÜR 4 PERSONEN**
4 CHILIKRAINER (REZEPT SIEHE SEITE 29) ✛ 4 STÄNGEL KORIANDER ✛ 4 WEIZENTORTILLAS (16 CM) ✛ 200 G GER. CHEDDAR ✛ SOWIE: 4–8 STÜCK WOODEN PAPERS (HOLZPAPIER AUS ROTER ZEDER ODER ERLE)
**FÜR DIE TACOFÜLLUNG:** 1 GROSSE ZWIEBEL ✛ 1 ROTE PAPRIKASCHOTE ✛ 3 KAROTTEN ✛ 400 G ABGETR. ARTISCHOCKENHERZEN AUS DER DOSE ✛ 1 GRÜNE CHILISCHOTE ✛ 1 KNOBLAUCHZEHE ✛ 2 EL OLIVENÖL ✛ 150 G MAISKÖRNER ✛ 250 G PASSIERTE TOMATEN ✛ JE 1 PRISE SALZ, GESCHR. BUNTER PFEFFER, GEM. KREUZKÜMMEL, EDELSÜSSES PAPRIKAPULVER UND GEREBELTER OREGANO
**FÜR DIE GUACAMOLE:** 1 REIFE AVOCADO ✛ ½ LIMETTE ✛ NACH GESCHMACK GEWÜRFELTE JALAPEÑOS AUS DEM GLAS ✛ 1 EL SAURE SAHNE ✛ 1 PRISE MEERSALZ ✛ JE 1 PRISE GEM. WEISSER PFEFFER, KORIANDER UND KREUZKÜMMEL ✛ CHILIFLOCKEN (NACH BELIEBEN)

**1** Den Holzkohlengrill anheizen. Das Holzpapier etwa 60 Minuten in kaltem Wasser einweichen. Für die Füllung die Zwiebel schälen und fein würfeln; 1 EL Zwiebelwürfel für die Guacamole zur Seite stellen. Die Paprikaschote halbieren, entkernen, waschen und in feine Würfel schneiden. Die Karotten putzen, schälen, waschen und in dünne Scheiben schneiden. Die Artischockenherzen in grobe Stücke schneiden. Die Chilischote waschen, putzen und entkernen. Den Knoblauch schälen und zusammen mit der Chilischote fein hacken.

**2** Das Olivenöl in einem Topf erhitzen, Zwiebel, Paprika und Karotten darin anschwitzen. Knoblauch, Chili, Artischockenstücke, Maiskörner und die passierten Tomaten dazugeben. So lange schmoren, bis das Gemüse weich ist. Mit den Gewürzen abschmecken.

**3** Für die Guacamole die Avocado halbieren und entkernen. Das Fruchtfleisch herauskratzen und mit dem Limettensaft beträufeln. Mit einer Gabel musig rühren. Jalapeños, die Zwiebelwürfel und saure Sahne dazugeben, alles gut vermischen und mit den Gewürzen abschmecken. Nach Belieben mit Chiliflocken bestreuen (dann die Jalapeños weglassen).

**4** Die Chilikrainer in die gewässerten Holzblätter einrollen und mit Bindegarn fixieren. Damit die Holzblätter nicht verbrennen, die Würste mit indirekter Hitze grillen. Dazu die heiße Kohle auf eine Seite des Grills schieben und die Würste auf den Grillrost auf die andere Seite legen und bei geschlossenem Deckel etwa 15 Minuten garen.

**5** Den Koriander waschen, trocken schütteln und die Blätter abzupfen. Eine Weizentortilla in eine Pfanne legen, mit Käse bestreuen und kurz erhitzen, bis der Käse geschmolzen ist. Etwas von der heißen Gemüsefüllung auf der Tortilla verteilen, mit Koriander bestreuen, zusammenklappen. Mit den anderen Tortillas ebenso verfahren und mit Wurst und Guacamole servieren.

# MERGUEZ
## MIT FEURIGEM MELONEN-GURKEN-SALAT UND SESAMBAGUETTE

**ZUTATEN: FÜR 4 PERSONEN**
1 SESAMBAGUETTE, IN SCHEIBEN GESCHNITTEN ✚ OLIVENÖL ✚ 16 KLEINE MERGUEZ (REZEPT SIEHE SEITE 26)
**FÜR DEN SALAT:** 500 G WASSERMELONE ✚ 1 SALATGURKE ✚ 1 CHILISCHOTE ✚ SAFT EINER ½ ZITRONE ✚ 60 ML BALSAMICOESSIG ✚ 3 TL HONIG ✚ SALZ ✚ FRISCH GEM. PFEFFER ✚ 1 KLEINES BUND MINZE

**1** Den Holzkohlengrill anheizen.

**2** Von der Melone die Schale abschneiden, das Fruchtfleisch in mundgerechte Stücke schneiden. Die Gurke schälen, halbieren, entkernen und in Scheiben schneiden. Die Chilischote waschen, putzen, entkernen und fein hacken.

**3** In einer Schüssel aus Zitronensaft, Essig und Honig ein Dressing anrühren und mit Chili, Salz und Pfeffer abschmecken. Die Minze waschen, trocken schütteln und die Blätter abzupfen.

**4** Sobald sich eine graue Ascheschicht auf den Kohlen gebildet hat, die Baguettescheiben auf den Rost legen und toasten, anschließend mit etwas Olivenöl beträufeln.

**5** Die Würste etwa 6–8 Minuten auf dem Rost grillen, dabei regelmäßig wenden. Melone und Gurke schichtweise auf Tellern anrichten, mit dem Dressing beträufeln und mit den Minzeblättern garnieren. Zusammen mit den Würsten und dem Brot servieren.

# GEMÜSEKRAINER
## MIT APFEL-HOLUNDER-KRAUTSALAT

**ZUTATEN: FÜR 4 PERSONEN**
1 KLEINER SPITZKOHL ✛ FEINES MEERSALZ ✛ 2 ÄPFEL, Z. B. GALA ✛ 1 ROTE ZWIEBEL ✛ 2 STÄNGEL PETERSILIE ✛ 1 EL MITTELSCHARFER SENF ✛ 200 ML HOLUNDERBLÜTENSIRUP ✛ 100 ML APFELESSIG ✛ 200 ML KALT GEPRESSTES RAPSÖL ✛ 1 PRISE FRISCH GEM. WEISSER PFEFFER ✛ 16–20 VEGETARISCHE KÄSEKRAINER (REZEPT SIEHE SEITE 39) ✛ ÖL ZUM BRATEN

**1** Den Spitzkohl halbieren, vom Strunk und von den äußeren Blättern befreien und in feine Streifen hobeln. Mit etwas Salz vermischen und 1 Stunde ziehen lassen.

**2** In der Zwischenzeit die Äpfel waschen, vom Kerngehäuse befreien und in feine Scheiben schneiden. Die Zwiebel schälen und in feine Streifen schneiden. Die Petersilie waschen, trocken schütteln und die Blätter von den Stängeln zupfen.

**3** Für das Dressing Senf, Holunderblütensirup und Apfelessig mit dem Pürierstab mischen und das Öl in dünnem Strahl langsam einfließen lassen und untermixen. Die Petersilie dazugeben und kurz zerkleinern. Mit Salz und Pfeffer abschmecken.

**4** Die entstandene Flüssigkeit vom Kraut abgießen. Apfel und Zwiebel unter das Kraut mengen und mit dem Dressing marinieren. Nochmals abschmecken; kurz ziehen lassen.

**5** Währenddessen die Gemüsekrainer in reichlich Öl knusprig backen. Zusammen mit dem Krautsalat servieren.

# GEFLÜGELBRATWURST
## MIT KÜRBISKERNSAUCE UND PECORINO-FLAN

**ZUTATEN: FÜR 4 PERSONEN**
4–8 GEFLÜGELBRATWÜRSTE (REZEPT SIEHE SEITE 30) ✛ 1 EL ÖL
**FÜR DIE KÜRBISKERNSAUCE:** 120 G KÜRBISKERNE ✛ 3–4 STÄNGEL PETERSILIE ✛ 150 ML MILCH ✛ 150 G CRÈME FRAÎCHE ✛ JE 1 PRISE SALZ, GEM. WEISSER PFEFFER UND GERIEBENE MUSKATNUSS
**FÜR DEN PECORINO-FLAN:** 100 G KAROTTEN ✛ 1 SCHALOTTE ✛ SALZ ✛ 70 G GERIEBENER PECORINO ✛ 380 G SAHNE ✛ 3 EIGELB ✛ JE 1 PRISE MEERSALZ, FRISCH GEM. WEISSER PFEFFER UND GERIEBENE MUSKATNUSS ✛ OLIVENÖL FÜR DIE FORMEN

**1** Für die Kürbiskernsauce den Backofen auf 170 °C vorheizen. Die Kürbiskerne auf ein Backblech streuen und im vorgeheizten Ofen etwa 6 Minuten rösten.

**2** Die Petersilie waschen, trocken schütteln und die Blätter abzupfen. Die Kürbiskerne mit der Milch und der Petersilie mixen (nicht zu fein). Die Flüssigkeit in einer Stielkasserolle erhitzen und die Crème fraîche einrühren. Mit den Gewürzen abschmecken.

**3** Für den Flan die Karotten putzen, schälen, waschen und in feine Würfel schneiden. Die Schalotte schälen und fein würfeln. Beides in einem Topf in wenig Salzwasser weich kochen.

**4** Das Wasser abgießen und das Gemüse im Standmixer pürieren. Den Pecorino dazugeben, langsam die Sahne einfließen lassen und untermixen und zum Schluss die Eigelbe dazugeben. Mit Salz und den Gewürzen abschmecken.

**5** Den Backofen auf 140 °C vorheizen. Vier Timbal- bzw. Auflaufförmchen mit dem Olivenöl fetten und jeweils zu drei Viertel mit der Flanmasse befüllen. Die Förmchen in ein tiefes Blech stellen. Das Blech mit heißem Wasser auffüllen, ohne dass Wasser in die Förmchen läuft. Im vorgeheizten Ofen etwa 40 Minuten garen, bis die Flanmasse fest ist.

**6** Gegen Ende der Garzeit parallel die Wurst in einer Pfanne im heißen Öl von beiden Seiten etwa 8–10 Minuten braten. Den Flan aus dem Ofen nehmen und mit den gebratenen Würsten und der Kürbiskernsauce anrichten.

# KÜRBIS-BIER-SUPPE
## MIT CHILIKRAINER-EINLAGE

**ZUTATEN: FÜR 4 PERSONEN**
800 G KÜRBIS ✚ 1 GROSSE KAROTTE ✚ 1 MITTELGROSSE KARTOFFEL ✚ 1 ZWIEBEL ✚ 1 TL BUTTER ✚ 250 ML WEISSBIER ✚ 100 ML TOMATENSAFT ✚ 250 G SAHNE ✚ SALZ ✚ JE 1 PRISE FRISCH GEM. WEISSER PFEFFER, GEM. LORBEERBLÄTTER UND GEREBELTE LIEBSTÖCKELBLÄTTER ✚ 4–6 CHILIKRAINER (REZEPT SIEHE SEITE 29) ✚ 1 EL ÖL

**1** Den Kürbis schälen und von Kernen befreien; ggf. waschen. Die Karotte putzen, schälen und waschen. Die Kartoffel schälen und waschen. Die Zwiebel schälen. Alles in etwa 1 cm große Stücke schneiden.

**2** Die Butter in einem großen Topf schmelzen und die Zwiebel darin glasig anschwitzen. Das restliche Gemüse zugeben und mit 500 ml Wasser, dem Weißbier und dem Tomatensaft aufgießen. Die Suppe etwa 20 Minuten kochen lassen, bis das Gemüse weich ist.

**3** In der Zwischenzeit das Öl in einer Pfanne erhitzen und die Chilikrainer darin etwa 4 Minuten rundum braten.

**4** Etwa ein Drittel der Gemüsewürfel mit einer Schaumkelle aus dem Topf nehmen, beiseitestellen. Die Sahne zugeben, aufkochen und das Gemüse pürieren. Mit Salz und den übrigen Gewürzen abschmecken und die beiseitegestellten Gemüsewürfel wieder zugeben.

**5** Die Chilikrainer in Scheiben schneiden. Die Suppe in tiefen Tellern anrichten und mit den Wurstradln als Einlage garnieren. Nach Belieben mit Chilifäden und Schnittlauchröllchen bestreuen. Sofort servieren.

# WILDSCHWEINBRATWURST
## MIT GRÜNEM SPARGEL VON DER SALZPLANKE

**ZUTATEN: FÜR 4 PERSONEN**
8 WILDSCHWEINBRATWÜRSTE (REZEPT SIEHE SEITE 25) + 1 EL ÖL ZUM BRATEN
**FÜR DEN SPARGEL:** SAFT EINER ½ ZITRONE + 2 EL OLIVENÖL + 500 G GRÜNER SPARGEL
**FÜR DIE SAUCE:** 100 G CHIPOTLE-CHILIS IN ADOBE-SAUCE (CHIPOTLE PEPPERS IN ADOBO SAUCE ODER CHIPOTLES EN ADOBO, ONLINE-HANDEL ODER MEXIKAN. BZW. US-LEBENSMITTELBEDARF) + 350 G BUTTER + 5 EIGELB + 70 ML TROCKENER WEISSWEIN + SALZ + JE 1 PRISE BRAUNER ZUCKER UND GERIEBENE MUSKATNUSS
**SOWIE:** 1 SALZPLANKE

**1** Die Salzplanke in den kalten Backofen legen und auf 180 °C aufheizen. Die Chilis mit der Sauce im Standmixer pürieren. Die Butter in einer Stielkasserolle bei niedriger Hitze schmelzen. Zitronensaft und 2 EL Olivenöl in einem Schälchen vermischen.

**2** Vom grünen Spargel die Enden abschneiden, waschen und abtropfen lassen, mit der Zitronen-Öl-Marinade einpinseln. Den Spargel auf die heiße Salzplanke legen und im Ofen etwa 15 Minuten garen. Zwischendrin einmal wenden.

**3** Währenddessen für die Sauce die Eigelbe mit dem Weißwein auf einem warmen Wasserbad mit dem Schneebesen schaumig schlagen (es darf nicht zu heiß werden, damit das Ei nicht gerinnt). Das Wasserbad vom Herd nehmen und nach und nach die flüssige Butter unter ständigem Rühren unterziehen; dabei sollte die Molke zurückbleiben. Die Sauce mit Salz, Rohrzucker und Muskat abschmecken. Zum Schluss das Chilipüree unterheben. Die Sauce warm stellen, aber nicht kochen lassen.

**4** Das Olivenöl in einer Pfanne erhitzen und die Würste von beiden Seiten darin etwa 10 Minuten braten. Die Wildschweinbratwürste mit dem Spargel und der Sauce sofort servieren.

# MERGUEZ
## MIT COUSCOUS-SALAT UND FLADENBROT

**ZUTATEN: FÜR 4 PERSONEN**
8 MERGUEZ (NACH REZEPT AUF SEITE 26) ✚ 8 LIBANESISCHE/ARABISCHE BZW. TÜRKISCHE FLADENBROTE
**FÜR DEN SALAT:** 150 G INSTANT-COUSCOUS ✚ 130 ML KOCHENDES WASSER ✚ 2 PRISEN MEERSALZ ✚ 1 PRISE ZIMTPULVER ✚ 20 G BUTTER ✚ 50 ML GEHACKTE TOMATEN AUS DER DOSE ✚ 50 ML OLIVENÖL ✚ 30 ML WEISSWEINESSIG ✚ 1 PRISE ZUCKER ✚ JE 1 PRISE FRISCH GEM. WEISSER PFEFFER UND GEREBELTER OREGANO ✚ 50 G GRÜNE OLIVEN OHNE STEIN ✚ 50 G SCHWARZE OLIVEN OHNE STEIN ✚ 1 LAUCHZWIEBEL ✚ 1 ROTE SPITZPAPRIKA ✚ 1 BUND PETERSILIE

**1** Den Holzkohlengrill anheizen.

**2** Den Couscous in eine Schüssel geben und mit dem kochenden Wasser übergießen. 1 Prise Meersalz, den Zimt und die Butter zugeben und unterrühren, sodass die Butter schmilzt. 5 Minuten quellen lassen.

**3** Aus Tomaten, Öl und Essig ein Dressing rühren und mit Zucker, 1 Prise Meersalz, Pfeffer und Oregano abschmecken.

**4** Die Oliven in einem Sieb gut abtropfen lassen. Die Lauchzwiebel putzen, waschen, trocken schütteln und in feine Ringe schneiden. Die Paprikaschote halbieren, entkernen, waschen und in kleine Würfel schneiden. Die Petersilie waschen und trocken schütteln, die Blätter abzupfen und fein hacken. Alle Zutaten mit dem Dressing mischen.

**5** Sobald sich eine graue Ascheschicht auf den Kohlen gebildet hat, die Würste etwa 6–8 Minuten auf dem Rost grillen, dabei regelmäßig wenden. Die Fladenbrote am Grill toasten. Die fertig gegrillten Merguez mit Couscous-Salat und einem Fladenbrot servieren.

## Happy-Wurst-Tipp
Dazu passt hervorragend der Oliven-Paprika-Senf von Seite 114.

Auf Anfrage: feurig scharfe Saucen ab 18 Jahre

# SAUCEN, DIPS & BEILAGEN

Kaum eine Wurst kommt ohne den aromatischen Geschmack einer Beilage oder einer Sauce aus. Seien es Senf und Semmel, süßsaure Tomatensauce und Currypulver oder eine fruchtige Hollandaise. Theoretisch könnte die Wurst dabei schnell in den Hintergrund geraten und der raffinierte Dip dabei die Hauptattraktion werden, wenn unsere Würste nicht so verdammt gut wären …

# ORIENTALISCHER KICHERERBSENSALAT
## MIT DATTELN

**ZUTATEN: FÜR 2 PERSONEN**
1 ROTE UND 1 GRÜNE PAPRIKASCHOTE ✚ 2 FRÜHLINGSZWIEBELN ✚ 3–4 DATTELN (CA. 50 G) ✚ 250 G KICHERERBSEN AUS DER DOSE, ABGETROPFT ✚ ½ TL CURRYPULVER ✚ SALZ ✚ 1 EL KETCHUP ✚ 2 EL ESSIG ✚ 4 EL OLIVENÖL ✚ ETWAS HARISSA

**1** Die Paprikaschoten halbieren, entkernen, waschen und klein würfeln. Die Frühlingszwiebeln putzen, waschen und klein schneiden. Die Datteln entkernen und in Ringe schneiden. Alles mit den Kichererbsen in eine Schüssel geben.

**2** Aus Currypulver, Salz, Ketchup, Essig, Öl und Harissa eine Salatsauce rühren. Über den Salat gießen, alles gut vermischen und den Salat nochmals abschmecken.

## So geht`s auch

Den Salat können Sie nach Belieben mit frisch gehackter Petersilie oder Koriander bestreuen. Veganer sollten bei der Wahl des Essigs aufpassen.

# SELBST GEMACHTE GEMÜSECHIPS

**ZUTATEN: FÜR 4 PERSONEN**
600 G GEMÜSE NACH WAHL, Z. B. KAROTTEN, SÜSSKARTOFFELN, ROTE BETE, PASTINAKEN SONNENBLUMENÖL ZUM FRITTIEREN ✚ SALZ

**1** Das Gemüse waschen und putzen. Süßkartoffeln schälen, restliches Gemüse nach Belieben schälen (wobei die Schale beim Frittieren oft etwas bitter wird). Mithilfe eines Gemüsehobels bzw. einer Mandoline das Gemüse nach Belieben längs oder quer in ganz feine Scheiben hobeln.

**2** Das Öl in einem breiten, tiefen Topf auf ca. 160 °C erhitzen und jede Gemüsesorte getrennt frittieren, bis die Scheiben knusprig werden und leicht Farbe bekommen. Auf Küchenpapier gut abtropfen lassen und mit Salz würzen.

## So geht`s auch

Wer möchte, kann die Chips auch mit Curry, Paprikapulver, Cayennepfeffer oder mit etwas Essig würzen.

# SONNENSCHEIN-SALAT

**ZUTATEN: FÜR 4 PERSONEN**
1 BROKKOLI (CA. 200 G) ✢ 150 G GRÜNE BOHNEN ✢ 150 G ZUCKERSCHOTEN ✢ SALZ ✢ 100 G TK-ERBSEN ✢ 3 FRÜHLINGSZWIEBELN ✢ 2 GRÜNE PEPERONI ✢ 1 EL HONIGSENF ✢ 1 EL KRÄUTER-ESSIG ✢ SAFT VON ½ ZITRONE ✢ 1 PRISE CAYENNEPFEFFER ✢ 5 EL SONNENBLUMENÖL ✢ 2 ZWEIGE FRISCHER OREGANO

**1** Brokkoli, grüne Bohnen und Zuckerschoten waschen und putzen. Den Brokkoli in mundgerechte Stücke zerteilen.

**2** In einem Topf ausreichend Salzwasser zum Kochen bringen, das Gemüse darin bissfest garen. Die Erbsen gegen Ende der Garzeit kurz dazugeben. Das Gemüse eiskalt abschrecken.

**3** Die Frühlingszwiebeln und die Peperoni putzen, waschen und fein schneiden. Mit dem anderen Gemüse in eine Schüssel geben.

**4** Aus Senf, Essig, Zitronensaft, Salz, Cayennepfeffer und Öl ein Dressing herstellen. Den Oregano waschen, trocken schütteln, die Blätter abzupfen und fein hacken.

**5** Das Dressing mit dem Oregano über das Gemüse geben, alles gut vermischen und nochmals abschmecken. Vor dem Servieren mindestens eine halbe Stunde ziehen lassen.

# SELLERIE-SALAT

**ZUTATEN: FÜR 4 PERSONEN**
1 KNOLLENSELLERIE ✢ SALZ ✢ 1 BIO-ZITRONE ✢ 1 ROTE ZWIEBEL ✢ 2 STÄNGEL DILL ✢ 120 ML APFELESSIG ✢ 100 ML APFELSAFT ✢ 25 G KÖRNIGER SENF ✢ 1 EL HONIG ✢ 20 ML DISTEL-ÖL ✢ SALZ ✢ PFEFFER ✢ GEM. KÜMMEL

**1** Den Sellerie gründlich waschen, von den kleinen Wurzeln befreien und in einen großen Topf mit Salzwasser geben. Die Zitrone waschen, halbieren und ins Kochwasser geben. Etwa 1 Stunde simmern lassen, bis der Sellerie weich ist.

**2** Inzwischen die Zwiebel schälen und fein würfeln. Den Dill waschen, trocken schütteln und grob hacken.

**3** Aus Essig, Saft, Senf, Honig und Öl ein Dressing anrühren und mit Salz, Pfeffer und Kümmel abschmecken. Zwiebel und Dill dazugeben.

**4** Den Sellerie mit einem Schaumlöffel aus dem Kochwasser heben, kurz ausdampfen lassen und die Haut abschaben. Mit einem Bundmesser in Scheiben schneiden und noch warm mit dem Dressing marinieren. Der Selleriesalat schmeckt besonders lecker, wenn er noch lauwarm serviert wird.

`vegan`

# SWEET POTATOE WEDGES

### ZUTATEN: FÜR 4 PERSONEN

800 G SÜSSKARTOFFELN ✚ 40 ML OLIVENÖL ✚ MEERSALZ ✚ GESCHROTETER BUNTER PFEFFER ✚ EINIGE ZWEIGE THYMIAN ✚ 1 CHILISCHOTE

**1** Ein Backblech im Backofen bei 200 °C vorheizen. Die Süßkartoffeln gründlich unter fließendem Wasser bürsten. Erst quer, dann längs halbieren und in Spalten schneiden.

**2** Zwei Drittel des Olivenöls mit Meersalz und Pfeffer in einer großen Schüssel verrühren und die Süßkartoffelspalten damit mischen.

**3** Das Backblech mit Backpapier auslegen. Die Kartoffelecken darauf flach verteilen und je nach Spaltengröße etwa 30–40 Minuten goldbraun backen, dabei einmal wenden.

**4** Inzwischen den Thymian waschen, trocken schütteln und die Blätter abzupfen. Die Chilischote waschen, putzen, entkernen und fein würfeln. Thymian und Chili mit dem restlichen Öl mischen. 2 Minuten vor Ende der Garzeit das Thymian-Chili-Öl über die Süßkartoffeln träufeln und fertig backen.

---

`veggie`

# BBQ MAISSALAT

### ZUTATEN: FÜR 4 PERSONEN

1 ROTE ZWIEBEL ✚ 800 G MAIS AUS DER DOSE, ABGETROPFT ✚ SALZ ✚ 100 G BBQ-SAUCE ✚ SAFT EINER ½ LIMETTE ✚ EINIGE SPRITZER TABASCO

Die Zwiebel schälen und fein würfeln. Den Mais in Salzwasser kurz aufkochen und abgießen. In einer Schüssel aus der BBQ-Sauce, dem Limettensaft, Salz und Tabasco eine Marinade zubereiten. Den Mais noch warm hineingeben, gut mit der Marinade vermischen und am besten lauwarm servieren.

## Happy Tipp

Die perfekte Beilage, wenn es mal schnell gehen soll.

# SENFZWIEBELN

**ZUTATEN: FÜR 4 PERSONEN**
2 GROSSE ZWIEBELN ✚ 1 EL SONNENBLUMENÖL ✚ 150 G MITTELSCHARFER SENF ✚ ZUCKER ✚ MEERSALZ ✚ GESCHROTETER BUNTER PFEFFER

**1** Die Zwiebeln schälen, halbieren und in grobe Streifen schneiden.

**2** Das Öl in einer Pfanne erhitzen und die Zwiebeln darin bei mittlerer Hitze goldgelb braten. Die Pfanne vom Herd nehmen, den Senf einrühren und die Zwiebeln mit Zucker, Meersalz und Pfeffer abschmecken. Am besten schmecken die Senfzwiebeln noch warm.

## So geht`s auch

2 Essiggurken abtropfen lassen, vierteln und in Würfel schneiden. 2 Stängel Dill waschen, trocken tupfen und die Spitzen klein schneiden. Beides zu den Senfzwiebeln geben. Am besten noch lauwarm zu den Würstchen servieren.

# OLIVEN-PAPRIKA-SENF

**ZUTATEN: FÜR CA. 450 GRAMM**
100 G GRÜNE OLIVEN OHNE STEIN ✚ 250 G MITTELSCHARFER SENF ✚ 20 ML APFELESSIG ✚ 100 G AJVAR ✚ 1 PRISE ZUCKER ✚ JE 1 PRISE MEERSALZ, FRISCH GEM. SCHWARZER PFEFFER, EDELSÜSSES PAPRIKAPULVER UND GEREBELTER OREGANO

**1** Die Oliven grob hacken und mit dem Senf, dem Apfelessig und dem Ajvar vermischen.

**2** Mit Zucker, Meersalz und den übrigen Gewürzen abschmecken.

## Happy Tipp

Der Senf hält sich im Kühlschrank gut verschlossen 3 bis 4 Wochen. Mit einem netten Etikett versehen, ist er auch ein schönes Mitbringsel.

# INGWER-CURRY-SENF

# SCHNELLER BOCKBIERSENF

**ZUTATEN: FÜR CA. 400 GRAMM**
100 G FRISCHER INGWER ✚ 100 ML APFELESSIG ✚ 100 G GETROCKNETE APRIKOSEN ✚ 80 G GELBES SENFMEHL ✚ 1 GESTR. TL SALZ ✚ 1 GESTR. TL CURRYPULVER

**ZUTATEN: FÜR CA. 500 GRAMM**
2 SCHALOTTEN ✚ 150 ML BOCKBIER ✚ 150 G SÜSSER SENF ✚ 200 G KÖRNIGER SENF ✚ JE 1 PRISE SALZ, ZUCKER, ZITRONENABRIEB UND GEREBELTER MAJORAN

**1** Den Ingwer schälen und reiben. Den Apfelessig und 100 ml Wasser mit dem Ingwer und den Aprikosen im Standmixer pürieren.

**2** Die Masse in einer Schüssel mit dem Senfmehl einige Minuten glatt rühren. Mit dem Salz und dem Currypulver abschmecken

**3** Den Senf in ein luftdicht verschließbares Schraubglas geben und mindestens 2 Wochen im Kühlschrank reifen lassen, damit er im Geschmack mild und rund wird.

**1** Die Schalotten schälen und ganz fein würfeln. Zusammen mit dem Bockbier in einem Topf zum Kochen bringen. So lange köcheln, bis die Zwiebeln weich sind. Abkühlen lassen.

**2** Mit dem Senf sowie Salz, Zucker, Zitronenabrieb und Majoran verrühren. Der Senf kann sofort gegessen werden. Im Kühlschrank hält er sich nur wenige Tage.

## Happy Tipp

Wer den Senf zum Sofortverzehr herstellen möchte, kann Ingwer, Aprikosen, Salz und Currypulver auch einfach mit 200 g mittelscharfem Senf pürieren.

 ## BURGERSAUCE

 ## ZIGEUNERSAUCE

**ZUTATEN: FÜR 10–12 BURGER**
100 G SENFGURKEN MIT DEM SUD + 4 EIGELB + 650 ML ÖL + 200 G KÖRNIGER DIJON-SENF + 40 G ZUCKER + 10 G SALZ + 1 PRISE GROB GESCHROTETER BUNTER PFEFFER + 1 PRISE ZWIEBELGRANULAT + 1 PRISE GEREBELTER OREGANO

**1** Zunächst eine Mayonnaise herstellen; dazu 3 EL vom Gurkensud zu den Eigelben geben, verrühren und das Öl in dünnem Strahl unter kräftigem Rühren mit einem Schneebesen einrühren, sodass eine homogene Masse entsteht.

**2** Die Gurken mit dem restlichen Sud im Standmixer pürieren. Das Gurkenpüree mit dem Senf, dem Zucker und dem Salz in die Mayonnaise rühren und mit den Gewürzen abschmecken.

**ZUTATEN: FÜR CA. 4 PERSONEN**
½ KLEINE ZWIEBEL + 1 EL ÖL + 350 G TOMATENMARK + 120 G ROHRZUCKER + 1 TL SALZ + JE 1 PRISE FRISCH GEM. WEISSER PFEFFER, MILDES CURRYPULVER, EDELSÜSSES PAPRIKAPULVER, GEM. KORIANDER UND GEREBELTER OREGANO + 200 ML ORANGENSAFT + 50 ML WEISSWEINESSIG 6 % + 150 G GEWÜRFELTE ESSIGGURKEN (SUD AUFFANGEN) + 1 ROTE PAPRIKASCHOTE + 1 KLEINE CHILISCHOTE

**1** Die Zwiebel schälen und würfeln. Das Öl in einer Pfanne erhitzen und die Zwiebel darin leicht anschwitzen. Das Tomatenmark dazugeben und kurz mitrösten. Den Rohrzucker hinzufügen und so lange rühren, bis er sich gelöst hat. Das Salz und alle Gewürze dazugeben und mit dem Orangensaft, dem Essig und dem Gurkensud ablöschen. 10 Minuten leicht köcheln lassen, dabei öfter umrühren.

**2** Inzwischen die Paprika- und Chilischote halbieren, entkernen, waschen und in kleine Würfel schneiden. Mit den Gurkenwürfeln zur Sauce geben und noch einmal kurz aufkochen. Die Sauce schmeckt heiß serviert zu jeder Bratwurst, eignet sich aber auch kalt als Dip zu Pommes frites oder Kartoffelecken.

Mehr Aroma, als die Polizei erlaubt

# GESCHMACK

HOT + SPICY

*vegan*

# BUNTE BOHNENSALSA

**ZUTATEN: FÜR 4 PERSONEN**
100 G BORLOTTIBOHNEN AUS DER DOSE ✚ 100 G WEISSE BOHNEN AUS DER DOSE ✚ 100 G KIDNEYBOHNEN AUS DER DOSE ✚ 300 G PASSIERTE TOMATEN ✚ SAFT EINER ½ ZITRONE ✚ 20 G JALAPEÑOS AUS DEM GLAS ✚ 1 KLEINE ROTE ZWIEBEL ✚ 1 GRÜNE PAPRIKASCHOTE ✚ 1 PRISE ZUCKER ✚ JE 1 PRISE SALZ, GESCHROTETER BUNTER PFEFFER, GEM. KREUZKÜMMEL UND KORIANDER ✚ 3 STÄNGEL PETERSILIE ✚ ½ BUND FRISCHER KORIANDER

**1** Die Bohnen unter fließendem Wasser gut abspülen und abtropfen lassen; die Borlottibohnen dabei gesondert spülen.

**2** Die passierten Tomaten und den Zitronensaft zusammen mit den Jalapeños und der Hälfte der Borlottibohnen pürieren.

**3** Die Zwiebel schälen und fein hacken. Die Paprika halbieren, entkernen, waschen und in kleine Würfel schneiden. Die Bohnen, die Zwiebel, den Paprika, den Zucker, das Salz und die übrigen Gewürze unter die Tomatensauce heben, gut vermischen.

**4** Die Kräuter waschen, trocken schütteln, die Blätter abzupfen und grob hacken; unter die Salsa mischen.

SAUCEN, DIPS & BEILAGEN

# CURRYWURST-SAUCE

**ZUTATEN: FÜR CA. 1 LITER**
1 EL MILDES CURRYPULVER ✚ 1 KLEINES STÜCK INGWER ✚ 400 G PASSIERTE TOMATEN ✚ 200 G TOMATENMARK ✚ 130 ML APFELESSIG ✚ 400 G ZUCKER ✚ 120 G BACKPFLAUMEN ✚ 30 G RÖSTZWIEBELN ✚ 4 ML LIQUID SMOKE ✚ 1–2 TL SALZ ✚ JE 1 PRISE CAYENNEPFEFFER, EDELSÜSSES PAPRIKAPULVER, GEM. SCHWARZER PFEFFER UND KORIANDER

**1** Das Currypulver in einem Topf bei mittlerer Hitze etwas anrösten. 200 ml Wasser dazugeben und aufkochen.

**2** Den Ingwer schälen, reiben und zusammen mit allen übrigen Zutaten in den Topf geben. Unter ständigem Rühren etwa 10 Minuten köcheln lassen. Mit dem Stabmixer glatt pürieren.

## Happy Tipp

Die Sauce heiß in Gläser oder Flaschen füllen und sofort verschließen, so hält sie mehrere Wochen im Kühlschrank. Schön verziert, hat man damit auch ein tolles Mitbringsel zum Grillabend bei Freunden.

# MILDE KÄSESAUCE

**ZUTATEN: FÜR CA. 1 LITER**
1 ZWIEBEL ✚ 1 KNOBLAUCHZEHE ✚ 100 G BUNTE PAPRIKA ✚ 200 G BRIE ✚ 1 TL BUTTER ✚ 40 G MEHL ✚ 600 ML MILCH ✚ 200 G SCHMELZKÄSE ✚ 100 G GERIEBENER PARMESAN ✚ 1 GESTR. EL SALZ ✚ JE 1 PRISE FRISCH GEM. WEISSER PFEFFER, GERIEBENE MUSKATNUSS, EDELSÜSSES PAPRIKAPULVER UND GEM. KURKUMA

**1** Die Zwiebel und den Knoblauch schälen und in feine Würfel schneiden. Paprika entkernen, waschen und ganz fein würfeln. Den Brie in Würfel schneiden.

**2** Die Butter in einem hohen Topf schmelzen, Zwiebeln und Knoblauch darin glasig anschwitzen. Mit dem Mehl bestäuben und mit der kalten Milch aufgießen. Kräftig mit dem Schneebesen rühren, bis die Sauce kocht.

**3** Nacheinander Brie, Schmelzkäse und Parmesan dazugeben; dabei stetig rühren, bis der ganze Käse geschmolzen ist. Die Paprikawürfel, das Salz und die Gewürze dazugeben und noch einmal kurz aufkochen lassen.

# MANGO-HOLLANDAISE

**ZUTATEN: FÜR 4 PERSONEN**
350 G BUTTER ✚ 100 ML MANGOPÜREE ✚ 60 G ZUCKER ✚ 30 ML APFELESSIG ✚ 2 TL GERIEBENER INGWER ✚ 5 EIGELB ✚ SAFT EINER ½ ZITRONE ✚ 1 TL SALZ ✚ JE 1 PRISE CAYENNEPFEFFER UND GERIEBENE MUSKATNUSS

**1** Die Butter in einem Topf bei niedriger Hitze schmelzen.

**2** Das Mangopüree mit dem Zucker, Essig und Ingwer in einen Topf geben und 5 Minuten köcheln lassen; zum Abkühlen vom Herd nehmen.

**3** Die Eigelbe auf einem warmen Wasserbad mit dem Schneebesen schaumig schlagen (es darf nicht zu heiß werden, damit das Ei nicht gerinnt). Das Wasserbad vom Herd nehmen und nach und nach die flüssige Butter unter ständigem Rühren unterziehen; dabei sollte die Molke zurückbleiben.

**4** Zitronensaft, Salz und die Gewürze in die Hollandaise einrühren. Die warme Mangomasse unterheben und die Sauce sofort servieren.

**BILD SEITE 123:** Mango Hollandaise (oben links), Sweet Chili-Currysauce (oben rechts), Kräutersenf (unten links), Curry-Mayonnaise (unten rechts).

# SWEET CHILI-CURRYSAUCE

**ZUTATEN: FÜR 1 LITER**
2–3 ROTE CHILISCHOTEN ✚ 5–6 KNOBLAUCHZEHEN ✚ 1 EL GERIEBENER INGWER ✚ 300 G ZUCKER ✚ 1 TL GELBE CURRYPASTE (VEGAN) ✚ GEM. KORIANDER ✚ GEM. PIMENT ✚ 500 ML APFELSAFT ✚ 200 ML TOMATENSAFT ✚ 180 ML REISESSIG ✚ 1–2 TL SALZ ✚ 50 G MAISSTÄRKE

**1** Die Chilischoten waschen, putzen, entkernen und fein hacken. Den Knoblauch und den Ingwer schälen, sehr fein würfeln.

**2** Chili, Knoblauch und Ingwer in einem Topf mit dem Zucker anschwitzen, bis dieser schmilzt.

**3** Die Currypaste, den Koriander und den Piment einrühren und kurz mitrösten. Mit der Hälfte des Apfelsafts, dem Tomatensaft und Reisessig aufgießen, mit Salz abschmecken und 5 Minuten köcheln lassen.

**4** Die Stärke mit dem restlichen Apfelsaft anrühren und unter die Sauce rühren. Einmal aufkochen lassen, bis die Sauce eindickt.

# KRÄUTERSENF

**ZUTATEN: FÜR CA. 400 GRAMM**
JE 1 BUND PETERSILIE UND BASILIKUM ✛
4–5 ZWEIGE FRISCHER OREGANO ✛ 150 ML WEISSER TRAUBENSAFT ✛ 140 G SENFPULVER (Z. B. COLMANS) 100 ML APFELESSIG ✛ 1 TL SALZ ✛ 1–2 EL ZUCKER

**1** Die Kräuter waschen, trocken tupfen und die Blätter abzupfen. Mit dem Traubensaft im Standmixer pürieren.

**2** In einer Schüssel das Senfmehl und den Apfelessig einige Minuten glatt rühren. Den Kräutermix unterheben. Das Salz und den Zucker einrühren.

**3** Den Senf in ein luftdicht verschließbares Schraubglas geben und mindestens 2 Wochen im Kühlschrank reifen lassen, damit er einen milden und runden Geschmack erhält.

## So geht's auch

Für ganz Eilige gibt es hier die Ruckzuck-Variante des Rezepts: Die Kräuter einfach mit 350 Gramm Dijon-Senf pürieren. Fertig.

# CURRY-MAYONNAISE

**ZUTATEN: FÜR CA. 400 GRAMM**
50 G FRISCHER INGWER ✛ 200 G MAYONNAISE ✛
60 G MANGOCHUTNEY ✛ 50 ML APFELESSIG ✛
1 EL KOKOSNUSSMILCHPULVER ✛ 1 GEH. TL MILDES MADRAS-CURRYPULVER ✛ JE 1 PRISE MEERSALZ UND FRISCH GEM. SCHWARZER PFEFFER

**1** Den Ingwer schälen und in eine Schüssel reiben.

**2** Alle übrigen Zutaten dazugeben und mit dem Schneebesen zu einer cremigen Sauce verrühren. Gegebenenfalls nochmals mit Meersalz und Pfeffer abschmecken.

# BLAUBEER-KETCHUP

**ZUTATEN: FÜR CA. 1,2 LITER**
230 G BLAUBEEREN ✚ 500 G PASSIERTE TOMATEN ✚ 200 G TOMATENMARK ✚ 300 G HONIG ✚ 120 ML APFELESSIG ✚ 16 G SALZ ✚ MARK EINER ½ VANILLESCHOTE ✚ ABGERIEBENE SCHALE EINER ½ ORANGE ✚ 1 MSP. ZIMTPULVER

**1** Die Blaubeeren waschen und abtropfen lassen.

**2** Die Blaubeeren mit den passierten Tomaten, dem Tomatenmark, Honig und Essig in einen Topf geben und unter Rühren etwa 20 Minuten köcheln lassen, bis die Blaubeeren weich sind.

**3** Das Salz, Vanillemark, den Orangenabrieb und den Zimt einrühren; in eine saubere Flasche abfüllen und verschließen.

# CHIPOTLE DIP

**ZUTATEN: FÜR CA. 800 MILLILITER**
4 EIGELB ✚ 30 ML WEISSWEINESSIG ✚ 650 ML ÖL ✚ 150 G CHIPOTLE-CHILIS IN ADOBE-SAUCE (CHIPOTLE PEPPERS IN ADOBO SAUCE ODER CHIPOTLES EN ADOBO, ONLINE-HANDEL ODER MEXIKAN. BZW. US-LEBENSMITTELBEDARF) ✚ 60 ML MANGOSAFT ✚ 1 TL SALZ ✚ JE 1 PRISE CAYENNEPFEFFER, GERÄUCHERTES SCHARFES PAPRIKAPULVER UND GEREBELTER THYMIAN

**1** Zunächst eine Mayonnaise herstellen; dazu die Eigelbe und die Hälfte des Essigs mit einem Schneebesen verrühren und das Öl in dünnem Strahl unter kräftigem Rühren untermischen.

**2** Die Chipotle-Chilis zusammen mit der Sauce pürieren. Das Chilipüree, den restlichen Essig, den Mangosaft und das Salz in die Mayonnaise rühren und mit den Gewürzen abschmecken.

## Happy Tipp

Die Sauce sieht besonders schön aus, wenn man noch klein gewürfelte rote Paprika unterhebt.

# DER PERFEKTE DRINK ZUR WURST

Liegen die Würste erst einmal am Grill oder in der Pfanne, ist es Zeit, sich über die flüssige Begleitung Gedanken zu machen. Ein erfrischender Cocktail kommt dann sicherlich gerade recht, um die nach dem Eifer des Gefechts ausgetrockneten Kehlen angemessen zu befeuchten. Lassen Sie sich von unseren Drinks erfrischen!

# APEROL SUNRISE

**ZUTATEN: FÜR 1 COCKTAIL**
5 CL TEQUILA ✚ 12 CL ORANGENSAFT ✚ 2 CL GRAND MARNIER ✚ 5 CL APEROL
**SOWIE:** TUMBLER (300 ML) ✚ SHAKER ✚ CRUSHED ICE ✚ 1 ORANGENSCHEIBE

**1** Den Tumbler mit Crushed Ice auffüllen. Den Tequila mit dem Orangensaft und dem Grand Marnier in den Shaker geben, verschließen und schütteln.

**2** Den Inhalt des Shakers in den Tumbler über das Eis gießen. Den Aperol langsam einlaufen lassen, die Orangenscheibe auf den Glasrand stecken und den Cocktail servieren.

## Happy Tipp

Der Aperol Sunrise schmeckt wunderbar fruchtig, ist aber recht stark. Eine leichtere, spritzige Alternative: **Aperol Lemon Spritz mit Basilikum.** Dafür benötigen Sie: 4 cl Aperol, 5 cl Bitter Lemon und 5 cl Prosecco sowie ein Weißweinglas, Eiswürfel, 1 Zitronenscheibe und 1 Zweig Basilikum. Aperol auf Eis in das Weinglas geben. Bitter Lemon hinzufügen und mit Prosecco auffüllen. Zuletzt die Zitronenscheibe und den Basilikumzweig ins Glas geben.

DER PERFEKTE DRINK ZUR WURST

## ROSATO SPRITZ

**ZUTATEN: FÜR 1 COCKTAIL**
5 CL APERITIVO ROSATO + 1 SPRITZER FRISCHER ZITRONENSAFT + 8 CL WEISSWEIN + 8 CL SCHWEPPES RUSSIAN WILD BERRY
**SOWIE:** WEISSWEINGLAS + EISWÜRFEL + EINIGE ORANGENSPALTEN

1 Einige Eiswürfel in das Weißweinglas geben, sodass es halb gefüllt ist. Den Aperitivo Rosato, den Zitronensaft und den Weißwein hineingeben und mit dem Schweppes Russian Wild Berry auffüllen.

2 Den Aperitif mit Orangenspalten garnieren und servieren.

### Happy Tipp

Ein paar Blätter frisches Basilikum in den Aperitif zupfen. Gibt eine ganz eigene Note.

## WEISSBIER MOJITO

**ZUTATEN: FÜR 1 COCKTAIL**
½ GEWASCHENE LIMETTE + 3 ZWEIGE GEWASCHENE UND TROCKEN GESCHÜTTELTE FRISCHE MINZE + 1 EL WEISSER ROHRZUCKER + 5 CL WEISSER RUM + 150 ML HEFEWEISSBIER
**SOWIE:** TUMBLER (300 ML) + CRUSHED ICE

1 Die Limettenhälfte in Spalten schneiden, 2 Zweige Minze grob zerrupfen und in den Tumbler geben. Den Rohrzucker und den Rum dazugeben und mit einem langstieligen Löffel rühren, bis sich der Zucker löst.

2 Das Glas bis zum Rand mit Crushed Ice füllen und mit dem Weißbier vorsichtig aufgießen. Mit der übrigen Minze dekorieren.

# SWIMMING POOL

**ZUTATEN: FÜR 1 COCKTAIL**
2 CL WODKA ✚ 2 CL WEISSER RUM ✚ 1 CL CURAÇAO BLUE ✚ 8 CL ANANASSAFT ✚ 2 CL KOKOSMILCH ✚ 2 CL SAHNE ✚ 1 CL CURAÇAO BLUE ZUM FLOATEN
**SOWIE:** FANCYGLAS ✚ SHAKER ✚ CRUSHED ICE

**1** Das Cocktailglas zur Hälfte mit Crushed Ice füllen und beiseitestellen.

**2** Den Shaker mit Crushed Ice füllen. Wodka, Rum, Curaçao blue, Ananassaft, Kokosmilch und Sahne hineingeben, den Shaker gut verschließen und kräftig schütteln. Den Inhalt durch ein Sieb über das Crushed Ice in das Glas gießen.

**3** 1 cl Curaçao blue anschließend über den Cocktail floaten, also vorsichtig angießen.

## So geht`s auch

Damit schmeckt's auch unseren veganen Freunden – einfach statt der Sahne 2 cl Mandelmilch in den Cocktail geben.

## MAI TAI

**ZUTATEN: FÜR 1 COCKTAIL**
6 CL BRAUNER RUM ✚ 4 CL MANDELSIRUP ✚
4 CL WEISSER ROHRZUCKERSIRUP ✚
2 CL COINTREAU ✚ 6 CL FRISCHER LIMETTENSAFT
**SOWIE:** TUMBLER (300 ML) ✚ SHAKER ✚ CRUSHED ICE ✚ EINIGE LIMETTENSPALTEN

**1** Den Tumbler mit Crushed Ice zu drei Viertel füllen. Alle Zutaten in den Shaker geben, verschließen und schütteln.

**2** Den Inhalt in den Tumbler über das Eis gießen und mit Limettenspalten garnieren.

### Happy Tipp

»Mai Tai – Roa Ae« soll ein Freund vom Erfinder dieses Cocktails gerufen haben, als er zum ersten Mal probieren durfte. Das heißt übersetzt: »Nicht von dieser Welt – das Beste«.

## VODKA MULE

**ZUTATEN: FÜR 1 COCKTAIL**
½ GEWASCHENE LIMETTE ✚ 5 CL WODKA ✚
2 CL LIME JUICE ✚ 1 EL GURKENWÜRFEL ✚
15 CL GINGER BEER ✚ 1 SPRITZER ANGOSTURA
**SOWIE:** TUMBLER (300 ML) ✚ EISWÜRFEL ✚
2 ZWEIGE FRISCHE MINZE

**1** Die Limettenhälfte in Achtel schneiden, ins Glas pressen und die ausgepresste Schale hineingeben. Wodka, Lime Juice und Gurkenwürfel dazugeben und alles verrühren.

**2** Das Glas mit Eiswürfeln auffüllen. Langsam das Ginger Beer einfüllen, den Angostura hineingeben und mit der Minze garnieren.

### So geht`s auch

Der Cocktail schmeckt auch alkoholfrei ganz hervorragend. Einfach den Wodka weglassen und stattdessen je 5–6 Blaubeeren und Himbeeren mit ins Glas geben.

*Lecker, tasty, delizioso*

# GENUSS PUR

+ WURSTKÜCHE +

## LITERATURTIPPS

**Kristofer Franzén: Alles Wurst!** bzw. **Wurst selbermachen.** BLV Verlag, 2012/2. Aufl., 2016.
*Wurst zu Hause selbst herstellen: zahlreiche Brat-, Brüh- und Rohwurstsorten. Dazu alles Wissenswerte rund um die Wurstherstellung, ergänzt von einigen Rezepten für Wurstgerichte.*

Brandes, Frank/Grüner, Hermann/Krödel, Conrad/Metz, Reinhold/Voll, Marco/Wolffgang, Thomas: **Der junge Koch/ Die junge Köchin.** Pfanneberg Verlag, 2015.
*Standardwerk für die Ausbildung, durchaus auch für Hobbyköche interessant.*

Latz (Hrsg.): **Fleischerei heute in Lernfeldern.** Verlag Handwerk und Technik, 4. Aufl., 2014.
*Für alle diejenigen, die es ganz genau wissen möchten, kann die Lektüre des Lehrbuchs zur Fleischerausbildung sehr interessant sein.*

Bräckle, Isolde/Karch, Brigitte/ Schindler, Ingeborg: **Fleisch, Wurst und Schinken verarbeitet und hausgemacht.** BLV Verlag, 1988 (vergriffen; antiquarisch erhältlich).
*Nach wie vor sehr nützliches Werk, wenn man zu Hause schlachten bzw. Fleisch verarbeiten möchte. Konservierungsmethoden, richtig würzen, Wurst herstellen, Verarbeitung von und Rezepte rund um Schwein, Rind, Kalb, Lamm, Schaf, Ziege, Kaninchen, Wild und Geflügel.*

Voigt, Uwe: **Das große Lehrbuch der Barkunde.** Matthaes Verlag, 3. Aufl., 2011.
*Das professionelle Einmaleins der Barkunde für Barkeeper und alle, die sich sehr für das Thema interessieren.*

Zeitschrift **FIRE & FOOD, BBQ Magazin**
*Alles rund ums Thema Grillen. Auch online: www.fire-food.com*

## BEZUGSQUELLEN

**www.daerme-schoenhofer.de**
E-Mail: info@daerme-schoenhofer.de
Tel. 0 800/7 20 15 90
*Spezialist für Schaf- und Schweinedärme*

**www.naturdarm-shop.de**
E-Mail: info@naturdarm-shop.de
Tel. 0 54 01/4 19 05
*Rinder-, Schafs- und Schweinedärme*

**www.gewuerze-hausschlachterbedarf.de**
E-Mail: info@gewuerze-hausschlachterbedarf.de
Tel. 09 91/4 05 45 60
*Naturdärme (Schaf, Schwein, Rind), Kunstdärme, Gewürze, (Ausbein-)Messer, Wurstgarn*

**www.hobbymetzger-shop.de**
E-Mail: k.hess@derhobbymetzger-shop.de
Tel. 0 63 03/80 67 43
*Zubehör wie Fleischwolf und Wurstfüller; Natur- (Schaf und Schwein) und Kunstdärme*

**www.grillfuerst.de**
E-Mail: shop@grillfuerst.de
Tel. 0 66 21/1 86 87-10
*Umfangreiches Sortiment rund ums Grillen, u. a. Liquid Smoke, Saucen, Messer, Kohle*

**www.stahlwaren-keil.de**
E-Mail: info@stahlwaren-keil.de
Tel. 09 41/56 02 88
*Vielfältiges Sortiment an hochwertigen Messern; auch Reparatur und Schleifwerkstätte*

**www.chili-shop24.de**
E-Mail: info@chili-shop24.de
Tel. 0 63 22/98 94 82
*Auf Chiliprodukte spezialisierter Versandhandel, u. a. Saucen, Liquid Smoke, Chipotle-Chilis in Adobo-Sauce, auch frische Chilis*

# REZEPTVERZEICHNIS

## Wurstsorten
Bratwurst 18
Bratwurst mit Jakobsmuscheln und Shrimps 34
Chilikrainer 29
Chorizo 24
Geflügelbratwurst 30
Geflügelbratwurst mit Tomaten und Pistazien 30
Grobe Bratwurst mit Ingwer und Zitronengras 20
Grobe Wildschweinbratwurst 25
Hirschwurst mit Kräutern 28
Kalbsbratwurst mit Bärlauch 21
Lachsbratwurst 33
Merguez 26
Mini-Putenkäsekrainer (Tipp) 32
Putenbratwurst 32
Salsiccia mit Fenchel 23
Vegane Bratwurst 38
Veganer Chili-Krainer 37
Vegetarischer Käsekrainer 39

## Leckeres aus der Wurstküche
**A**perol Lemon Spritz mit Basilikum 130
Aperol Sunrise 130

**B**BQ Maissalat 113
Blaubeerketchup 126
Bockbiersenf, schneller 116
Bohnensalsa, bunte 120
**Bratwurst**
 Bratwurstschnecken-Burger mit gebackenen Kartoffelecken 42
 Bratwurst-Lauch-Quiche 89
**Bratwurst mit Jakobsmuscheln und Shrimps**
 Shrimps-Jakobsmuschel-Bratwürste mit Salsa, schwarzem Bohnenmus und Tortilla-Chips 74
Bunte Bohnensalsa 120
Burgersauce 117

**C**hilikrainer
 Chilikrainer im Holzblatt mit Gemüsetacos und Guacamole 90
 Chilikrainer mit Bärlauch-Kartoffelknödeln 53
 Kürbis-Bier-Suppe mit Chilikrainer-Einlage 101
Chipotle Dip 126
**Chorizo**
 Chorizo-Spargel-Pizza 66
 Spanische Chorizo-Kartoffel-Tortilla mit Knoblauch-Dip 76
 Spanischer Gemüse-Bohnen-Eintopf mit Chorizo 47

Curry-Mayonnaise 125
Currywurstsauce 121

**G**ebratene Mie-Nudeln mit Geflügelwurst und Gemüse 71
**Geflügelbratwurst**
 Gebratene Mie-Nudeln mit Geflügelwurst und Gemüse 71
 Geflügelbratwurst mit Kürbiskernsauce und Pecorino-Flan 98
Gemüsechips, selbst gemachte 108
Gemüsekrainer mit Apfel-Holunder-Krautsalat 96
**Grobe Bratwurst mit Ingwer und Zitronengras**
 Kalbsbratwurst mit Papaya-Glasnudelsalat 63
**Grobe Wildschweinbratwurst**
 Wildschweinbratwurst mit grünem Spargel von der Salzplanke 103
 Wildschweinkrautwickel mit Süßkartoffelpüree 58

**H**irschwurst mit Kräutern
 Hirschwurst mit Kürbisgnocchi und Käsesauce 82

**I**ngwer-Curry-Senf 116

**K**albsbratwurst mit Bärlauch
 Kalbsnockerl in Senfsauce mit Blattspinat 87
 Rouladen mit Kalbsbratwurstfüllung und cremigem Weizenrisotto 78
 Kalbsbratwurst mit Papaya-Glasnudelsalat 63
 Kalbsnockerl in Senfsauce mit Blattspinat 87
Käsesauce, milde 121
Kräutersenf 125
Kürbis-Bier-Suppe mit Chilikrainer-Einlage 101

**L**achsbratwurst
 Lachsbratwurst von der Kirschholzplanke mit Anna-Kartoffeln 65

**M**ai Tai 137
Mango-Hollandaise 124
**Merguez**
 Merguez mit Couscous-Salat und Fladenbrot 104
 Merguez mit feurigem Melonen-Gurken-Salat und Sesambaguette 95
 Orientalische Nudelpfanne mit Merguez 68
Milde Käsesauce 121
Mini-Käsekrainer in klarer Rinderbrühe 60

**O**liven-Paprika-Senf 114
Orientalische Nudelpfanne mit Merguez 68
Orientalischer Kichererbsensalat mit Datteln 108

**P**olentagratin mit Salsiccia 55
**Putenbratwurst**
 Putenbratwurst mit Aprikosen-Fenchel-Salat 50

**R**osato Spritz 132
Rouladen mit Kalbsbratwurstfüllung und cremigem Weizenrisotto 78

**S**alsiccia
 Polentagratin mit Salsiccia 55
 Stroh- und Heu-Pasta mit Salsiccia-Ragout 84
 Wildkräuter-Kartoffel-Suppe mit Salsiccia 73
Schneller Bockbiersenf 116
Selleriesalat 110
Senfzwiebeln 114
Shrimps-Jakobsmuschel-Bratwürste mit Salsa, schwarzem Bohnenmus und Tortilla-Chips 74
Sonnenscheinsalat 110
Spanische Chorizo-Kartoffel-Tortilla mit Knoblauch-Dip 76
Spanischer Gemüse-Bohnen-Eintopf mit Chorizo 47
Stroh- und Heu-Pasta mit Salsiccia-Ragout 84
Sweet Potatoe Wedges 113
Sweet Chili-Currysauce 124
Swimming Pool 135

**V**egane Bratwurst
 Vegane Bratwurst mit 7-Juwelen-Bulgur-Salat 81
 Vegane Jackfrucht-Bratwurst-Tacos 56
 Veganer Cashew-Dip (Tipp) 56
**Vegetarischer Käsekrainer**
 Gemüsekrainer mit Apfel-Holunder-Krautsalat 96
 Vegetarische Käsekrainer mit Papaya-Wildkräutersalat 44

**W**eißbier Mojito 132
Wildkräuter-Kartoffel-Suppe mit Salsiccia 73
Wildschweinbratwurst mit grünem Spargel von der Salzplanke 103
Wildschweinkrautwickel mit Süßkartoffelpüree 58
Wodka Mule 137

**Z**igeunersauce 117

### Pontus Frei – Koch aus Eifersucht

Den Wunsch, Koch zu werden, hatte ich schon mit 14 Jahren. Ein gleich alter Nachbarsjunge wurde von allen Seiten stets gelobt, weil er schon selbst sein Mittagessen kochen konnte. Das musste ich natürlich auch können! Fortan hatte meine Familie etliche kulinarische Versuche tapfer lächelnd zu ertragen, bis ich dann das Gymnasium vorzeitig verließ, um endlich richtig kochen zu lernen. Später stellte sich heraus, dass der Nachbarsjunge nur das vorgekochte Essen seiner Mutter aufgewärmt hat … Ob es jemals zu mehr gereicht hat, habe ich leider nie erfahren. Ich jedenfalls bin meinem Beruf treu geblieben und koche beruflich und privat immer noch mit viel Leidenschaft und Neugierde.

Kochen und Fotografie sind die zwei großen Leidenschaften von **Tanja Bischof.** Sie lernte das Kochen von der Pike auf in Gourmet- und Sterneküchen, u. a. bei Martin Scharff und Eckart Witzigmann. Seit 1994 arbeitet sie als Fotografin und Foodstylistin für Buchverlage, Foodmagazine und Werbung. Sie liebt es, immer Neues auszuprobieren und neue Rezepte zu kreieren.

## Impressum

#### Bibliografische Information der Deutschen Nationalbibliothek
Die Deutsche Nationalbibliothek verzeichnet diese Publikation in der Deutschen Nationalbibliografie; detaillierte bibliografische Daten sind im Internet über http://dnb.d-nb.de abrufbar.

BLV Buchverlag GmbH & Co. KG
80636 München

© 2016 BLV Buchverlag GmbH & Co. KG, München

Das Werk einschließlich aller seiner Teile ist urheberrechtlich geschützt. Jede Verwertung außerhalb der engen Grenzen des Urheberrechtsgesetzes ist ohne Zustimmung des Verlags unzulässig und strafbar. Das gilt insbesondere für Vervielfältigungen, Übersetzungen, Mikroverfilmungen und die Einspeicherung und Verarbeitung in elektronischen Systemen.

#### Bildnachweis
Alle Fotos von Tanja Bischof, außer: S. 143 oben (Pontus Frei), S. 143 unten (Melanie Flemme)

Umschlagkonzeption und -gestaltung: BLV-Verlag
Umschlagfotos: Tanja Bischof

Co-Autorin: Tanja Bischof
Lektorat: Stella Rahn
Herstellung: Ruth Bost
Layoutkonzept Innenteil und DTP: griesbeckdesign, München

Gedruckt auf chlorfrei gebleichtem Papier

Printed in Italy
ISBN 978-3-8354-1468-6

#### Hinweis
Das vorliegende Buch wurde sorgfältig erarbeitet. Dennoch erfolgen alle Angaben ohne Gewähr. Weder Autoren noch Verlag können für eventuelle Nachteile oder Schäden, die aus den im Buch vorgestellten Informationen resultieren, eine Haftung übernehmen.

 www.facebook.com/blvVerlag

# Bodenständig, köstlich, selbst gemacht

Kristofer Franzén
**Wurst selbermachen**
Sicher wissen, was drin ist: regionale und internationale Wurst-Spezialitäten selbst gemacht. Rezepte zur Herstellung von Bratwurst, Brühwurst und luftgetrockneter Rohwurst. Rezepte für Beilagen und Wurstgerichte – von Bruschetta und Salat bis Risotto, Tortilla und Eintopf. Zutaten, Küchengeräte, Hygiene, Lagerung.
ISBN 978-3-8354-1529-4

www.blv.de